PASCAL AKIRA FRANK
Das kleine Meditationsbuch für alle,
die nicht meditieren können

GOLDMANN
Lesen erleben

PASCAL AKIRA FRANK

Das kleine
Meditationsbuch
für alle, die nicht
meditieren
können

GOLDMANN

Sollte diese Publikation Links auf Webseiten Dritter enthalten,
so übernehmen wir für deren Inhalte keine Haftung, da wir uns
diese nicht zu eigen machen, sondern lediglich auf deren Stand
zum Zeitpunkt der Erstveröffentlichung verweisen.

 Dieses Buch ist auch als E-Book erhältlich.

Verlagsgruppe Random House FSC® N001967

1. Auflage

Originalausgabe August 2017
© 2017 Wilhelm Goldmann Verlag, München,
in der Verlagsgruppe Random House GmbH,
Neumarkter Str. 28, 81673 München
Umschlaggestaltung: UNO Werbeagentur, München
Umschlagmotiv: © FinePic®
Lektorat: Judith Mark, Freiburg
fm · Herstellung: cf
Satz und Layout: Grafikdesign Storch/Ulrike Vohla, Rosenheim
Druck und Bindung: Těšínská Tiskárna, a. s.,Čský Těšín
Printed in Czech Repubic
ISBN 978-3-442-22230-8

www.goldmann-verlag.de

FÜR LILLY

INHALT

EINLEITUNG

Meditieren ist nicht schwer. Auch Sie können es, glauben Sie mir. Alles, was Sie dafür brauchen, befindet sich bereits in Ihrem Besitz: Sie haben einen Körper und einen Geist. Dazu noch regelmäßig ein wenig Zeit, die Sie der Übung widmen, sowie einen Raum, der zum Sitzen in der Stille einlädt. Mehr braucht es nicht.

So wenig man für die Meditation benötigt, so schwer tun sich doch viele Menschen mit ihr. Die Hindernisse sind vielfältig. Sie reichen von typischen Anfängerproblemen wie körperlichen Schmerzen beim Sitzen, fehlender Motivation und Frustration über endlos wandernde Gedanken bis hin zu den Problemen fortgeschrittener Meditierender wie Langeweile, Schläfrigkeit oder schwierige Emotionen, die durch die Meditation zum Vorschein kommen.

Vermutlich haben auch Sie bereits Bekanntschaft mit dem einen oder anderen Hindernis gemacht – oder machen sie gerade. Dann halten Sie genau das richtige Buch in Ihren Händen. Es zeigt, wie Sie die häufigsten Stolpersteine, auf die fast jeder Meditierende früher oder später stößt, einfach überwinden können. Denn es gehört gar nicht so viel dazu, um mit einem Problem, so groß es auch anfangs erscheinen mag, gut zurechtzukommen. Man muss nur wissen, wie.

Es ist wie mit einem Möbelstück, das Sie neu gekauft haben und nun zu Hause zusammenschrauben. Obwohl Sie streng der Anleitung folgen, will es einfach nicht gelingen; irgendetwas passt nicht genau.

Sie werden immer frustrierter und wollen eigentlich schon aufgeben – da merken Sie plötzlich, dass Ihnen die entscheidende Schraube fehlt, ohne die die Konstruktion einfach nicht gelingen kann. Dieses Buch ist solch eine Schraube.

Wenn Sie die Ratschläge der einzelnen Abschnitte beherzigen, laufen Sie nicht Gefahr, dass es Ihnen ergeht wie so vielen Meditierenden: Nach einer anfänglichen Phase der Begeisterung für die Meditation zeigen sich bald die ersten Hindernisse. Gelingt es nicht, sie zu überwinden, stellt sich schnell Frustration ein. Entsprechend nimmt auch die Motivation ab, und mit der Zeit finden sich immer mehr Ausreden, die Meditation ausfallen zu lassen – bis man sie schließlich ganz aufgibt.

Das ist schade und muss nicht sein. Denn: Von allen Tätigkeiten, die Sie in Ihrem Leben anfangen und beenden können, ist die Meditation eine der beglückendsten, bereicherndsten und schlichtweg schönsten.

Seit einigen Jahrzehnten wird die Meditation nun schon intensiv wissenschaftlich erforscht. Untersuchungen konnten belegen, dass eine regelmäßige Meditationspraxis zahlreiche gesundheitliche Vorteile für Körper und Geist mit sich bringt. Das an sich ist schon ein guter Grund zu meditieren.

Noch viel bedeutsamer ist aber, dass es die Meditation in einer einzigartigen Weise erlaubt, einen neuen Zugang zu sich selbst und der Welt, in der man lebt, zu gewinnen.

Was ist Meditation?

Ob im Buddhismus, Hinduismus oder Daoismus – in den Weisheitstraditionen des Ostens gilt die Meditation seit mehr als 2000 Jahren als Königsweg zur Selbsterkenntnis, denn sie führt nach innen, in die Tiefe des eigenen Seins.

Im Laufe der Geschichte haben sich sehr viele unterschiedliche Formen der Meditation ausgebildet. Es gibt die passive Meditation, die im stillen Sitzen praktiziert wird, und die aktive Meditation, bei der körperliche Bewegung, achtsames Handeln oder lautes Rezitieren zur Meditationspraxis gehören. Es gibt Konzentrationsmeditationen, bei denen es darum geht, den Geist intensiv auf einen bestimmten Gegenstand zu fokussieren, und Achtsamkeits- oder Einsichtsmeditationen, die darauf abzielen, den Geist zu leeren und sich nicht in die eigenen Gedanken zu verstricken. Im Westen assoziieren wir mit dem Begriff »Meditation« vor allem das Sitzen in Stille, wie es etwa in buddhistischen Klöstern praktiziert wird.

Bei allen Unterschieden
in der Ausführung und Praxis haben
alle Meditationsformen etwas gemeinsam:
Sie sollen dem Meditierenden helfen,
mit sich und den eigenen Gedanken
besser vertraut zu werden.

Wieso jagen eigentlich den ganzen Tag Gedanken durch den Kopf? Wer ist es, der sie denkt? Und was bleibt, wenn sie aufhören? Nur durch die Meditation können wir diese Fragen klären und damit verbunden auch die Frage, wer wir sind oder zu sein glauben. Denn unsere Vorstellung von Identität, davon, wer wir sind und wie wir sind, ist eng gekoppelt an unsere Verstandestätigkeit, die uns tagein, tagaus mit einer Flut von Gedanken versorgt.

»Ich denke, also bin ich.« In diesem berühmten Satz von Descartes kommt die identitätsstiftende Funktion des Denkens klar zum Ausdruck. Während der Westen seit der griechischen Antike betonte, dass der Verstand, das Denken und die rationale Analyse zu Erkenntnis und Wahrheit führen, erkannte der Osten schon früh, dass alle wirklich tiefer gehende Einsicht jenseits des Denkens stattfindet.

Diese tiefer gehende Erkenntnis,
die man durch die Meditation erreichen kann,
wird auch als Erwachen
oder Erleuchtung bezeichnet.

Siddharta Gautama, der historische Buddha, machte diese besondere Erfahrung, als er sich nach einem langen spirituellen Entwicklungsweg unter einem Bodhibaum zur Meditation niederließ.

Nach drei Tagen und drei Nächten, die er in tiefster Versenkung verbrachte, sah er am Morgen des dritten Tages schließlich den Morgenstern funkelnd am Himmel aufgehen. In diesem Augenblick erfuhr er Erleuchtung: Er wurde zum Buddha, was so viel wie »Erwachter« bedeutet.

Was genau er in diesem Augenblick erlebte, lässt sich nicht in Worte fassen, denn die Erfahrung des Erwachens überschreitet jegliches Denken und entzieht sich damit dem Bereich der Sprache.

Bedeutsam für uns ist, dass dieses Erwachen, das im Buddhismus beschrieben wird als Erlangung inneren Friedens, aber auch eines umfassenden Wissens, durch den Akt der Meditation erreicht wurde.

Neben all den großen und kleinen Vorteilen, die das Meditieren für unser körperliches und geistiges Befinden mit sich bringt, sollten wir also auch nicht vergessen, dass seine eigentliche Funktion schon immer darin bestand, dabei zu helfen, die wirklich große Frage der Existenz zu klären: Wer bin ich, und was soll das Ganze?

Wozu meditieren?

Wir müssen aber nicht gleich das ganz große spirituelle Ziel des Erwachens vor Augen haben, wenn wir mit dem Meditieren beginnen wollen.

Wie gesagt, viele Gründe sprechen dafür: Der eine beginnt vielleicht zu meditieren, um seinen Blutdruck ohne Medikamente zu senken, der andere, weil er einen Gegenpol für den stressigen Arbeitsalltag sucht. Viele erhoffen sich mehr inneren Frieden und tiefere Erfüllung in ihrem Leben. Alle Motivationen sind gleich gut. Egal, aus welchem Anlass wir mit der Meditation beginnen, wir werden auf jeden Fall etwas davon haben.

Nachgewiesene positive Effekte der Meditation

Regelmäßige Meditation trägt dazu bei, dass die Nervenzellen im Gehirn besser miteinander vernetzt sind. Für die psychische Gesundheit bedeutet das unter anderem:

- gesteigerte Konzentration, Kreativität und geistige Flexibilität,
- bessere Stressverarbeitung und erhöhte seelische Widerstandskraft,
- größere emotionale Stabilität,
- mehr Achtsamkeit und Mitgefühl,

- gesteigertes Glücksempfinden,
- geschärfte körperliche Wahrnehmung und bessere Intuition,
- verlangsamtes Altern.

Auch der Körper profitiert vom Meditieren. Belegt sind unter anderem:
- ein stärkeres Immunsystem,
- weniger Entzündungsreaktionen,
- reduziertes Schmerzempfinden,
- niedrigerer Blutdruck,
- verringerte Ausschüttung des Stresshormons Cortisol,
- reduzierte Cholesterinwerte,
- geringere Migräne-Anfälligkeit,
- weniger Zellveränderungen, weil die Chromosomenenden (Telomere) besser geschützt sind.

Was regelmäßiges Meditieren uns in jedem Fall ganz wesentlich bringt, ist zunehmende Selbsterkenntnis, die mit einer tiefen persönlichen Wandlung verbunden ist. In der Meditation werden wir uns unserer Gedanken vollauf bewusst. Wir beobachten sie aufmerksam, ohne sie zu bewerten und ohne uns in ihnen zu verstricken – Buddhisten sprechen hier von »Anhaftung«. So erkennen wir nach und nach, dass wir nicht unsere Gedanken sind, obwohl wir uns gewohnheitsmäßig oft mit ihnen identifizieren – etwa wenn wir uns ganz selbstverständlich sagen: »Ich bin gestresst.« oder »Ich bin traurig.«

Das ist das große Geschenk der Meditation: Wir erkennen den illusionären vergänglichen Charakter unserer Gedanken und damit die wahre beständige Natur unseres Geistes. Wir lernen diese Natur immer besser kennen und können so voller Zuversicht und Vertrauen aus ihr heraus leben.

Ein oft im Buddhismus verwendetes Bild für unsere wahre Geistesnatur ist das eines klaren, strahlenden Himmels, der nicht von Wolken, den Gedanken, getrübt ist. Doch selbst wenn es am Himmel Wolken gibt, strahlt er hinter diesen Wolken stets klar und vollendet. Genauso ist es mit unserem Geist: Das gewohnheitsmäßige Anhaften, das Identifizieren mit unseren Gedanken verhindert, dass wir unsere wahre Wesensnatur erkennen und ihr gemäß handeln. Vorhanden ist sie immer – nur wir sind nicht mit ihr verbunden.

Doch was ist unsere wahre Wesensnatur? Generell neigen wir dazu,

Freude und Glück im Außen zu suchen: in der Partnerschaft, im Beruf, in dem, was wir besitzen etc. Wir denken uns: Wenn sich nur unser Partner ändern würde oder wir diesen Job oder dieses Auto oder dieses bestimmte Paar Schuhe hätten, werden wir endlich ganz sicher glücklich sein. Und haben wir etwas bekommen oder erreicht, freuen wir uns tatsächlich darüber – doch die Freude verfliegt relativ rasch. Es gibt einfach kein beständiges Glück, keine anhaltende Freude, die wir mithilfe äußerer Bedingungen erreichen können. Das macht aber nichts, denn:

Wahre Freude
ist von Anfang an bereits in uns.

In der Meditation erkennen wir genau das. Egal, wie die äußeren Umstände sind, ob wir gerade Beziehungsprobleme haben, Stress im Job oder einfach nicht das richtige Paar Schuhe – beim Meditieren tauchen wir ein in die Dimensionen reinen Bewusstseins, die von unseren Alltagsgedanken und (vermeintlichen) Sorgen nichts wissen. Wenn uns dies oft genug gelingt und wir uns in diesem Teil unseres Geistes voranbewegen, kommen wir an einen Ort, der der eigentliche Ursprung von uns ist: Tiefer als hierhin können wir nicht gehen. Dieser Ort ist kein Ort im eigentlichen Sinne. Buddhisten nennen ihn auch Buddha-Natur oder Buddha-Geist. Geheimnisvoll und wunderbar ist er erfüllt von leuchtender Freude, Frieden und Gleichmut.

Der chinesische Zen-Meister Huang Po beschrieb ihn im neunten Jahrhundert n. Chr. mit folgenden Worten: »Dieser Geist, der ohne Anfang ist, ist ungeboren und unzerstörbar. Er ist weder grün noch gelb, hat weder Form noch Erscheinung. Er gehört nicht zu der Kategorie von Dingen, die existieren oder nicht existieren. Auch kann man nicht in Ausdrücken – wie alt oder neu – von ihm denken. Er ist weder lang noch kurz, weder groß noch klein, denn er überschreitet alle Grenzen, Maße, Namen, Zeichen und Vergleiche. Du siehst ihn stets vor dir, doch sobald du über ihn nachdenkst, verfällst du dem Irrtum.«

Die Zeilen des Zen-Meisters zeigen, dass es ein Bewusstsein jenseits allen begrifflichen Denkens gibt. Jede Beschreibung, die wir ihm geben, verfehlt unweigerlich ihr Ziel, denn dieser Raum reinen Bewusstseins kann weder mit Begriffen noch Worten oder Gedanken erfasst werden. Der letzte Satz von Huang Po weist darauf hin, dass dieser Bewusstseinsraum nicht von uns getrennt, sondern stets vorhanden ist. Bereits ein einziger Gedanke genügt jedoch, um uns von ihm so weit zu entfernen, wie wir nur können. Dann laufen wir Gefahr, uns im üblichen Strudel aus (Selbst-)Zweifeln und Gedanken zu verlieren

Wenn alle Gedanken aufhören, ist es dieser Teil unseres Geistes, der bleibt, weswegen ihn christliche Mystiker als den »Urgrund« bezeichnen. Im Zen-Buddhismus wird er manchmal »das Ungeborene« genannt. Dies soll ausdrücken, dass er nicht der Zeit unterworfen ist; tatsächlich gibt es hier keine Zeit, nur ein ewiges Jetzt. Durch die Meditation lernen wir, diesen zeitlosen Ort reiner Freude als unsere Heimat, als unseren eigentlichen Wesenskern zu erkennen.

Wir brauchen also das Glück
gar nicht im Außen zu suchen.
Es liegt bereits vollendet in uns,
denn Freude ist unsere
wahre Natur.

Für wen ist dieses Buch?

Dieses Buch richtet sich vor allem an Anfänger, die schon mit ein paar Grundlagen der Meditation vertraut sind, aber Probleme mit der Praxis und das Gefühl haben, keine wirklichen Fortschritte zu machen. Wie die Erfahrung zeigt, gibt es typische Stolpersteine, auf die fast jeder Meditierende früher oder später stößt und die häufig der Auslöser für gehörigen Frust und Zweifel sind. Werden sie nicht überwunden, stellt sich bald die Frage: Warum kann ich nicht meditieren? Bin ich vielleicht einfach nicht talentiert genug dafür? Oftmals sind genau diese Probleme der Grund, warum Menschen wieder aufhören zu meditieren.

Im Folgenden sind die häufigsten Meditationshindernisse gesammelt, mitsamt leicht ausführbaren Methoden, um gut mit ihnen zurechtzukommen.

Daneben richtet sich das Buch auch an Meditierende, die bereits ein gewisses Maß an Meditationserfahrung haben. Häufig gibt es in dieser Gruppe Menschen, die es zwar geschafft haben, eine regelmäßige Praxis in ihr Leben zu integrieren und einen gewissen Nutzen daraus ziehen. Gleichzeitig haben sie jedoch das Gefühl, auf einem bestimmten Übungslevel zu stagnieren und trotz ausdauernder Praxis nicht tiefer in die Meditation vordringen zu können. Wenn längerfristig Fortschritte ausbleiben und die Meditation nicht als befriedigend empfunden wird, geben auch länger Meditierende nicht selten auf. Die Probleme, die diese Gruppe betreffen, sind oftmals bestimmte Variationen von häufig auftretenden Meditationshindernissen. Auch sie werden im Folgenden besprochen.

Ab hier geht es los mit den zehn häufigsten Stolpersteinen beim Meditieren ... und den besten Tipps, wie sie sich leicht überwinden lassen.

Die Erfahrung, dass die Gedanken in der Meditation nicht stillstehen, macht ausnahmslos jeder Meditierende. Sie ist vermutlich das Meditationshindernis schlechthin, auf das sowohl Anfänger als auch Fortgeschrittene stoßen. Führen wir es uns kurz vor Augen: Wir haben uns zur Meditation hingesetzt und erwarten nun, dass die Gedanken und wir selbst langsam zur Ruhe kommen. Pustekuchen! Statt Stille stellt sich nämlich ein wahres Feuerwerk oder besser: ein Gedanken-Tsunami in unserem Kopf ein.

Wir denken an die Vergangenheit: an Dinge, die uns im Laufe des Tages passiert, und Menschen, die uns begegnet sind; daran, wie es auf der Arbeit war, wie gut oder schlecht heute das Kantinenessen geschmeckt hat oder wie langweilig wir ein Meeting fanden. Daneben prasseln alle möglichen Fetzen von Gesprächen auf uns ein, die wir in letzter Zeit geführt haben; Bilder von Filmen tauchen auf und vermischen sich mit unserer eigenen Fantasie. Wir denken an die Zukunft: »Wollte ich nicht noch dieses oder jenes zum Essen einkaufen? Vielleicht sollte ich mal wieder XY besuchen? Meine Steuererklärung habe ich auch noch nicht gemacht!« Und wir denken an die Gegenwart: »Mir ist so langweilig!

Dieses ganze Herumsitzen und Meditieren bringt doch nichts. Vielleicht lasse ich es lieber bleiben und nutze meine Zeit besser.«

Kurz: Wir stellen fest, dass in unserem Kopf ein absolutes Chaos herrscht, ein wildes Durcheinander von Gedanken und Bildern, Gefühlen und Emotionen, Hoffnungen und Ängsten, Wünschen und Sehnsüchten, Träumen, Erwartungen etc. Und das ist völlig normal. Denn dieses Schauspiel in unserem Kopf begleitet uns – es sei denn, wir schlafen gerade – Minute für Minute, 24 Stunden am Tag, sieben Tage die Woche, 365 Tage im Jahr. Es ist schlichtweg unser menschlicher Normalzustand, nur bemerken wir ihn meist gar nicht, weil sich das gedankliche Geschehen völlig unbewusst und autonom abspielt. Erst in der Meditation stellen wir erstmals mit aller Klarheit fest, was für ein Tohuwabohu eigentlich ständig in uns herrscht.

Gedanken kommen und gehen.

Das ist ihre Natur.

Seien Sie also weder irritiert noch frustriert, dass Ihre Gedanken nicht zum Stillstand kommen – nichts ist natürlicher!

In der Meditation machen wir uns mit ihrer flüchtigen Natur vertraut. Wir nutzen den Umstand, dass das Gehirn durch die körperliche Ruhe und Passivität so wenig Sinnesreize wie möglich verarbeiten muss, denn so können wir uns voll und ganz auf unsere gedankliche Aktivität fokussieren. Das facettenreiche Schauspiel unseres Geistes präsentiert sich uns so wie auf einer Bühne. Daher kommt es auch, dass unser Gedankenwirrwarr während der Meditation so vehement ist: Ganz auf sich gestellt, sozusagen in purer Form kann der Geist sich mit einer Freiheit und Kraft entfalten, die er im Alltag nicht hat. Und wir können ihm unsere volle Aufmerksamkeit widmen, wodurch er noch größer erscheint.

Im Alltag identifizieren wir uns in der Regel mit unseren Gedanken. Sie gehen uns durch den Kopf, und wir verstehen sie ganz unhinterfragt als Teil von uns selbst: »Das ist mein Gedanke.« Und: »Ich bin es, der ihn denkt.« Beim Meditieren versuchen wir, diese Identifikation mit den Gedanken zu durchbrechen, indem wir sie einfach beobachten, ohne sie zu bewerten – man nennt dies auch »offenes Gewahrsein«. Wir lassen die Gedanken einfach Gedanken sein, ohne uns in ihnen zu verstricken, das heißt, ohne sie in irgendeiner Form zu bekräftigen, abzulehnen oder gar zu unter-

drücken. Man bezeichnet das als »Achtsamkeitspraxis«, die dazugehörige Meditation als »Achtsamkeitsmeditation«. In den verschiedenen Ausprägungen des Buddhismus gibt es viele unterschiedliche Formen der Meditation. Die Achtsamkeitsmeditation, in der man hellwach im Zustand offenen Gewahrseins dasitzt, ohne sich an den eigenen Gedanken festzuhalten, ist von vielen die Grundlage.

Die Gedanken einfach loszulassen ist für viele Meditierende jedoch alles andere als einfach. Denn wie auch außerhalb der Meditation neigen wir dazu, uns in ihnen zu verlieren: An einen Gedanken knüpft sich oft ein anderer und an diesen wieder ein anderer und so fort. Es ist wie eine Kettenreaktion, die, erst einmal in Gang gesetzt, kaum zu stoppen ist. Erschwerend kommt hinzu, dass unser Verstand die Angewohnheit hat, sich sprunghaft in alle möglichen Richtungen zu entfalten. Er ist wie ein Affe, der hastig von Ast zu Ast springt und wild nach allem greift, was ihm in die Finger kommt. Aus diesem Grund bezeichnen ihn die Buddhisten auch gerne als »Affengeist«.

Es kommt sogar noch schlimmer, denn an die Gedanken sind wiederum Gefühle gekoppelt. Wir denken zum Beispiel an eine bevorstehende Prüfung, die uns ein bisschen nervös macht, und schon kommen Gefühle des Widerstands, der ängstlichen Ablehnung in uns auf. Oder wir denken umgekehrt an etwas, das wir herbeisehnen, vielleicht eine Gehaltserhöhung oder einen besseren Job, und schon malen wir uns in tausend Bildern lustvoll aus, was wir mit dem vielen Geld machen werden.

Es kann aber auch das Gegenteil der Fall sein, dass nämlich zuerst Gefühle da sind, die dann Gedanken hervorrufen. Wir könnten uns etwa traurig fühlen und daraus dann einen Gedankenstrom, ein inneres Gespräch mit uns selbst entwickeln, in dem wir uns dieses Gefühl zu erklären versuchen, beispielsweise, indem wir nach den Ursachen fragen. Einen Großteil unseres Wachbewusstseins über befinden wir uns in solch einem inneren Dialog mit uns selbst, in dem wir uns unserer Gefühle und Empfindungen bewusst werden, sie benennen, erklären, bestätigen, rechtfertigen etc. Aus ihm konstruieren wir unsere Identität: Was wir denken und fühlen, das sind wir. In uns herrscht also ein ständiger Strom von Gedanken und Gefühlen, die wild ineinander verschränkt sind, über- und auseinander hervorgehen. Wie gehen wir nun in der Meditation mit diesem Gedankenstrom um, damit wir nicht von ihm fortgerissen werden? Falsch wäre es zu denken: »Ich darf nichts denken!« Denn die Gedanken auf diese Weise unterdrücken zu wollen wäre natürlich nur ein weiterer Gedanke. Man kann eben nicht denken, nichts zu denken.

Der Schlüssel für die Lösung des Problems liegt woanders. Im Grunde genügt es, wenn man Folgendes weiß:

> Ein Gedanke, der nicht genährt wird,
> indem wir ihn weiterverfolgen und
> an ihm festhalten, löst sich auf.

Das ist es, was die Buddhisten mit »Anhaften« meinen. Nur wenn man an einem Gedanken anhaftet und ihm dadurch Energie gibt, hat er die Kraft, sich zu entfalten.

❧ Tipp ❧

Genau aus diesem Grund üben wir in der Meditation die Haltung des offenen Gewahrseins. Sie erlaubt es, von den Gedanken Abstand zu nehmen und aus einer beobachtenden Position heraus einen Gedanken zunächst einmal als solchen zu erkennen: »Ah, jetzt habe ich gerade daran gedacht, dass ich noch ein Geschenk für XY besorgen muss.« Oder: »Jetzt war ich in Gedanken wieder bei dieser Sache, die gestern im Meeting passiert ist.«

Ist der Gedanke erkannt, führen wir ihm keine Energie zu, indem wir ihn weder ablehnen noch befürworten, noch als gut oder schlecht bewerten. So hat er keine Kraft zu wachsen und löst sich auf. Wir lassen den Gedanken also einfach kommen, wenn er kommt, und gehen, wenn er geht. Solange er in unserem Bewusstsein ist, lassen wir ihn einfach da sein, ohne an ihm festzuhalten. Hier kann man wieder das im Buddhismus oft genutzte Bild der Wolken am Himmel heranziehen: Durch achtsames, offenes Gewahrsein lösen sich die Gedanken auf wie Wolken, und der Himmel klart auf.

Es ist normal, dass dies beim Meditieren nicht auf Anhieb gelingt. Insbesondere für Anfänger ist es schwer, sich nicht von Gedanken vereinnahmen zu lassen. Dies ist schließlich genau das, was wir tagein, tagaus normalerweise machen: denken und uns mit unseren Gedanken identifizieren. Das heißt, wir »sind« unsere Gedanken, was bliebe denn von uns übrig, würden wir aufhören zu denken? Aus diesem Grund hängen wir auch so an ihnen: Es sind eben »unsere Gedanken«. In unserer Vorstellung machen sie uns einzigartig. Und darum ist es wahrlich nicht leicht, sie in einem absichtslosen, offenen Gewahrsein neutral zu beobachten. Auch wenn man das Konzept der Achtsamkeit versteht, ist es doch schwer, es in die Praxis umzusetzen. Genau dazu aber meditieren wir.

Durch das Meditieren lernen wir,
achtsam zu sein und den Augenblick offen
und wertungsfrei wahrzunehmen.

Wenn man als Anfänger in der Meditation sitzt, schafft man es oft zunächst einmal gar nicht, die angestrebte achtsame Geisteshaltung einzunehmen: Die Gedanken kreisen in gewohnter Manier, gehen auseinander hervor, ineinander über, verzweigen und verästeln sich, kurz: In unserem Kopf herrscht das übliche Affengeist-Durcheinander, mit dem wir uns vollständig identifizieren. Dann aber gelingt es uns – unvermittelt und zunächst nur für einen ganz kurzen Augenblick –, offenes Gewahrsein zu verwirklichen, die Gedanken also nur zu beobachten, ohne sie zu bewerten und ihnen zu folgen. Diese Erfahrung ist völlig neu. Wir erkennen erstmals, dass es überhaupt möglich ist, unsere Identifikation mit den Gedanken aufzuheben. Dass es möglich ist, einen Schritt zurückzutreten, ein wenig Abstand zwischen sich und den Gedanken aufzubauen und sie einfach sein zu lassen, wie sie sind, ohne sich in ihnen zu verstricken. Und wir sehen: Gelingt uns das, dann sind wir nicht mehr Spielball unserer Gedanken. Wir können dem Strom der Gedanken wie einem Schauspiel zusehen, ohne von ihm mitgerissen zu werden!

Doch dieser Augenblick dauert nur sehr kurz. Es ist ein Durchbruch, der gleich wieder vergeht. Sofort springt wieder die übliche Denk-Maschinerie an. Das ist aber völlig normal und kein Anlass für Frust. Die Hauptsache ist: Wir wissen jetzt, dass es möglich ist, die Geisteshaltung des offenen Gewahrseins einzunehmen und den Gedankenstrom

auf diese Weise zu kontrollieren.

Auch wenn wir als Meditationsanfänger zunächst mehr im Zustand des Affengeistes als in dem der Achtsamkeit sein werden: Mit der Zeit wird sich dies ändern, und die Waagschale wird sich immer weiter in Richtung der neuen, achtsamen Geisteshaltung neigen: Die erst nur kurzen Augenblicke des offenen Gewahrseins treten immer häufiger auf, werden immer länger und tiefer. Bei erfahrenen Meditierenden werden sie schließlich zum Grundzustand. Der Affengeist ist gebändigt.

Es geht also darum, die anfängliche Erfahrung, dass offenes Gewahrsein möglich ist, in der Meditationspraxis immer öfter umzusetzen und zu vertiefen. Regelmäßiges Üben hilft uns zu lernen, wie die immer häufiger und länger auftretenden Momente offenen Gewahrseins sich anfühlen und was sie auszeichnet. Das wiederum macht es einfacher, sie zu erfahren und sich so tiefer in die Meditation zu versenken. Charakteristisch ist ein Gefühl der Ruhe, das sich bis zu einem tiefen und umfassenden Frieden ausweiten kann. Gleichzeitig empfinden wir Freude, die bis zu vollkommener Glückseligkeit reicht. Auch ein Empfinden von Räumlichkeit ist kennzeichnend; ein Gefühl der Weite und Entgrenzung. Daneben erfahren wir den von Achtsamkeit geprägten Geist in der Meditation als offen, klar, lichtvoll und weit.

Diese Beschreibung zeigt, dass die mit zunehmender Praxis länger werdenden Perioden offenen Gewahrseins nicht nur angenehm sind, sondern sich in einem umfassenden Sinn gut anfühlen. Diesen Umstand sollten Sie nutzen.

Genießen Sie also bewusst die Ruhe, Freude und Geistesklarheit in den achtsamen Augenblicken. Das ist das beste und einfachste Mittel, um sie auszudehnen und so tiefere Stadien der Meditation zu erreichen.

Darüber hinaus macht es die Meditation zu einem schönen und freudigen Erlebnis – und entspricht damit ihrem eigentlichen Wesen. Sich voll und ganz dem Wohlgefühl hinzugeben, das sich durch die achtsame Geisteshaltung nach und nach einstellt, ist einer der Schlüssel, um mit Freude zu meditieren.

ᴄ Tipp ᴄ

Ein Lächeln kultivieren: Um die Freude des Meditierens leichter zu erfahren, kann es hilfreich sein, während des Sitzens einfach zu lächeln. Fortgeschrittene Meditierende lächeln ohnehin oftmals während der Meditation – das Lächeln ist natürlicher Ausdruck der beim Meditieren empfundenen Freude. Auch Buddha wird traditionell häufig mit einem Lächeln dargestellt. Es zeigt, dass er das Leiden überwunden und die wahre freudige Natur unseres Seins erkannt und verwirklicht hat.

Doch auch wenn Sie noch nicht so weit sind, meditative Freude zu empfinden, können Sie sanft in sich hineinlächeln. Auch wenn das Lächeln am Anfang gewissermaßen »künstlich« sein sollte, sorgt es doch im Gehirn für den Ausstoß von Endorphinen, die zu einem körperlich-geistigen Wohlgefühl führen. Das hängt damit zusammen, dass das Gehirn in seiner Reaktion keinen Unterschied macht zwischen einem künstlichen und einem echten Lächeln: Heben sich unsere Mundwinkel, dann geht es davon aus, dass wir Freude empfinden, und sorgt mit der Freisetzung der entsprechenden Neurotransmitter dafür, dass wir es dann tatsächlich tun.

Lächeln Sie also ruhig, auch wenn Sie keinen wirklichen Grund dafür sehen. Mit der Zeit und wachsender Übungspraxis wird das künstliche Lächeln zu einem echten werden. Es gibt keinen Grund, nicht zu lächeln.

MIR FÄLLT
ES SCHWER, IM
HIER UND JETZT
ZU BLEIBEN

Zu meditieren bedeutet, voll in der Gegenwart, im jetzigen Augenblick zu sein. Der Geist schweift nicht in Form von Erinnerungen zurück in die Vergangenheit und ist ebenso frei von Gedanken an die Zukunft, die als Pläne, Wünsche, Hoffnungen, Träume oder Ängste im Alltag oft viel Raum einnehmen. Im Meditationsjargon spricht man in diesem Zusammenhang häufig vom »Hier und Jetzt«, in dem der Meditierende sich befindet. Dieser Begriff, der sich aus einer Orts- und einer Zeitangabe zusammensetzt, zielt darauf ab, dass achtsames, offenes Gewahrsein zeitlich nur in der unmittelbaren Gegenwart und räumlich nur an dem Ort, an dem man gerade ist, stattfinden kann – und nirgendwo sonst. Tatsächlich gibt es nur das Jetzt bzw. eine Abfolge von Augenblicken, die wir als gegenwärtig wahrnehmen, denn die Vergangenheit ist bereits vorüber und die Zukunft noch nicht da.

In der Meditation machen wir uns mit diesem Umstand vertraut und lernen, mit unserer ganzen Existenz in der Gegenwart, im gerade stattfindenden Augenblick zu sein.

Das ist aber gar nicht so einfach. Denn immer wenn wir das offene Gewahrsein für den Moment verlieren und unseren Gedanken folgen, laufen wir

Gefahr, von ihnen in die Vergangenheit oder Zukunft davongetragen zu werden. Und sie können uns auch in der Gegenwart an sich binden; etwa, wenn wir uns während des Meditierens fragen: »Wieso sitze ich hier eigentlich? Das bringt doch sowieso alles nichts ...« – und schwupps, sind wir gefangen im Gedanken an die Gegenwart. Immer wenn die Gedanken zu wandern beginnen, verlieren wir unsere Präsenz, unsere Gegenwärtigkeit. Die Frage, was man tun kann, um im Hier und Jetzt zu bleiben, ist also eng mit dem Thema der wandernden Gedanken verbunden.

Die Lösung des Problems liegt im Atem oder genauer: in der Konzentration auf den Atem. Er dient häufig als sogenanntes Meditationsobjekt, auf das die Aufmerksamkeit während der Meditation gelenkt wird. Es gibt auch andere Meditationsobjekte: etwa Mantras, also Silben, Worte oder Verse, die ständig wiederholt werden. Oder bestimmte geistige Bilder, Vorstellungen oder Ideen, auf die man sich konzentriert.

All diese Anker helfen uns, die Aufmerksamkeit zu kanalisieren und auf einen bestimmten Punkt zu richten. Das macht es einfacher, uns selbst auf die Schliche zu kommen, wenn wir nicht mehr im Hier und Jetzt sind und mit den Gedanken abwandern: Der Fokus verliert sich dann, wir schweifen ab.

Die Konzentration auf den Atem bietet sich aus verschiedenen Gründen als naheliegendes Meditationsobjekt an. Zum einen ist er als lebensnotwendiger Vorgang immer da, das heißt, man muss nicht extra ein Meditationsobjekt erfinden; man arbeitet einfach mit dem, was ohnehin vorhanden ist.

Zum anderen findet das Atmen immer in der Gegenwart statt. Das heißt:

> Wenn wir die Aufmerksamkeit
> auf unseren Atem richten,
> sind wir automatisch im Hier und Jetzt.

Zu guter Letzt ist der Atem eng mit unserem Geisteszustand verknüpft. Stark vereinfacht könnte man sagen: Körper und Geist sind über die Brücke des Atems miteinander verbunden. Sind wir aufgeregt oder im Stress, wird unsere Atmung flach und geht schnell; sind wir hingegen entspannt, atmen wir langsamer und tiefer. Diese Verbindung von Körper und Geist über die Atmung machen wir uns in der Meditation zunutze: Indem wir während der Meditation sanft in den Bauch atmen (Bauchatmung), beruhigen wir unseren Geist.

Diese Form der Atmung, bei der sich der Bauch beim Einatmen hebt und beim Ausatmen senkt, ist völlig natürlich, alle Babys machen sie automatisch. Leider verlernen wir sie häufig mit der Zeit und gehen im Alltag zu einer flacheren Brustatmung über, die charakteristisch ist für das Atmen in Stresssituationen.

Das Gute ist, dass man das Atmen über den Bauch relativ leicht wieder lernen kann. Es ist effektiver als die Brustatmung und erlaubt dem Körper, unser Blut optimal mit Sauerstoff anzureichern.

Vor allem wirkt die Bauchatmung beruhigend, da sie dem Gehirn signalisiert: »Alles in Ordnung, keine Gefahr in Sicht.« Durch Sie fühlen wir uns sicher und geborgen. Die Welt und wir selbst werden mit jedem Atemzug friedlicher.

Indem sie uns im Hier und Jetzt verankert, können wir tiefer in die meditative Versenkung eintreten.

⟶Tipp ⟵

Zurück zur Bauchatmung: Die folgende Übung hilft, sich mit der Bauchatmung vertraut zu machen. Sie kann entweder aufrecht sitzend oder aber – für Anfänger empfehlenswerter – mit geradem Rücken im Liegen ausgeführt werden. Sie sollten zwischen 10 und 20 Minuten üben.

1. Legen Sie eine Hand auf Ihren Bauch und atmen Sie bewusst und langsam in ihn hinein, so dass sich die Bauchdecke beim Ein- und Ausatmen auf und ab bewegt.

2. Richten Sie Ihre Aufmerksamkeit auf die Bauchdecke und spüren Sie deren Heben und Senken. Versuchen Sie nun, die Bauchatmung immer tiefer und ruhiger werden zu lassen; die Bauchdecke sollte dabei locker bleiben. Ziel ist es nicht, gewaltsam in den Bauch zu atmen, sondern den Atemimpuls, der von allein immer tiefer wird, bewusst zu spüren und ihm nachzugeben. Lassen Sie den Atem also frei und natürlich fließen: Atmen Sie ein, wenn Sie den Drang

zum Einatmen spüren, und aus, wenn Sie den Drang zum Ausatmen wahrnehmen.

3. Mit der Zeit wird Ihr Bauch immer lockerer werden und seine Bewegung vollständiger ausfallen: Während sich anfangs möglicherweise nur die obere oder mittlere Bauchregion bewegt, wird sich nach und nach der gesamte Bauchbereich sanft und entspannt heben und senken. Genießen Sie den Atemprozess, die harmonischen Bewegungen der Bauchdecke, die mit einer Entspannung von Körper und Geist einhergehen.

Um uns auf die Atmung zu konzentrieren, können wir unsere Aufmerksamkeit auf die Bauchregion lenken und das Heben und Senken der Bauchdecke beobachten. Die Konzentration auf den Bauch und dessen Bewegungen ist eine gängige Methode der buddhistischen Meditation. Sie wird aber auch in anderen Meditationstraditionen genutzt, etwa im Daoismus. Nach daoistischem Verständnis befindet sich das wichtigste energetische Zentrum des Menschen, sozusagen sein Gravitationszentrum, etwa zwei Fingerbreit unterhalb des Nabels. Die Konzentration auf diesen Punkt in der Meditation liegt also nahe.

Eine andere Region, die sich zur Konzentration auf den Atem anbietet, ist die Nasenspitze und der sie umgebende Bereich. Hier können wir die Bewegungen des Luftstroms beim Atmen fühlen und unsere Aufmerksamkeit auf sie lenken. Probieren Sie neben der Konzentration auf die Bauchdecke auch dies einmal aus; die Erfahrung zeigt, dass in der Regel eines von beiden leichter fällt. Wählen Sie frei.

Es gibt noch weitere Möglichkeiten, die Konzentration auf den Atem zu fördern.

Für Anfänger bietet sich als Hilfe das Zählen der Atemzüge an: Zählen Sie die einzelnen Atemzüge bis zum siebten und fangen Sie dann wieder von vorn an. Manche Meditierende empfinden das Zählen als eine Unterstützung, um festzustellen, dass man die Konzentration auf den Atem verloren hat, andere verwirrt es eher. Auch hier sollten Sie einfach ausprobieren, was Ihnen eher liegt.

Selbst wenn Sie anfänglich auf das Zählen der Atemzüge zurückgreifen, sollten Sie es jedoch einstellen, wenn Sie merken, dass Sie durchgehend bis sieben zählen können, ohne ins Stocken zu ge-

raten, und von da an versuchen, ohne dieses Hilfs-
mittel auszukommen.

Atmen Sie während der Meditation leise durch
die Nase, ohne die Atmung kontrollieren zu wollen:
Der Atem sollte natürlich fließen. Das Schöne am
Atmen ist, dass es von allein geschieht. Wir können es kontrollieren, müssen es aber nicht. In der
Meditation lassen wir das Atmen einfach geschehen. Lassen Sie also lange Atemzüge lang sein und
kurze kurz. Und vor allem: Genießen Sie es.

Zu atmen ist nicht nur ein grundlegender,
lebensnotwendiger Vorgang, sondern auch ein zutiefst freudvoller.

Den wenigsten Menschen ist
bewusst, was für ein großartiges
Wunder es ist, dass wir
überhaupt atmen können.

Denn das Atmen geschieht von alleine und wird als selbstverständlich wahrgenommen. Erst wenn die Luft knapp wird und wir Probleme haben, genug davon zu bekommen – beispielsweise, wenn uns eine verstopfte Nase quält –, wird uns der Wert des Atems plötzlich bewusst. Und wie schön es ist, dass wir normalerweise frei atmen können. Beim Meditieren haben wir die wertvolle Gelegenheit, uns dem Luftholen ganz hingeben zu können und so das Wunder des Atmens voll zu erleben und auszukosten.

Nehmen Sie hierzu beim Atmen wahr, mit welchen körperlichen Empfindungen es verbunden ist: Ein frei fließender Atem, der nicht durch Blockaden gehemmt ist, geht stets mit körperlichem Wohlgefühl einher. Das Heben und Senken der Bauchdecke, das Ein- und Ausatmen ist ein freudiges, genussvolles Geschehen.

Atmen ist Leben und zu atmen
eine der lebensbejahendsten Aussagen,
die Sie ohne Worte tätigen können.

Es ist eine tiefe Bejahung Ihrer Existenz und des gegenwärtigen Augenblicks.

Mit Freude atmen: Wenn Sie die Freude des Atmens spüren können, haben Sie einen wesentlichen Schlüssel in der Hand, um Meditieren nie wieder als etwas zu empfinden, das Mühe macht, anstrengend ist und zu dem man sich durchringen muss. Genießen Sie das Atmen also, wie Sie nur können!

Mit fortschreitender meditativer Versenkung verändert sich die Atmung: Je tiefer die Meditation, umso ruhiger und »feiner« wird der Atem. Dies kann sogar so weit gehen, dass man das Gefühl hat, es komme zeitweilig zu einem vollkommenen Atemstillstand. Insbesondere die zwei Umschlagpunkte des Atmens, also derjenige am Ende des Einatmens und analog am Ende des Ausatmens, verändern sich in ihrer Dauer.

Im Wechsel von Ein- zu Ausatmen und umgekehrt hält der Atem von Natur aus kurz inne, und zwar genau dort, wo der eine Prozess endet und der andere beginnt. Das kann man mit einem Pendel vergleichen, dessen Bewegungen an den zwei äußersten Punkten für einen Augenblick stillstehen.

In der Meditation – aber auch in vielen asiatischen Kampfkünsten – sind diese Umschlagpunkte von großer Bedeutung. Während wir sie im Alltag in der Regel gar nicht bemerken und sie hier nur einen kurzen Moment dauern, können sie sich in der Meditation ausdehnen.

Aus den kurzen Momenten der Atemwende werden dann Perioden der Stille und der Geistesleere, die man als Tore nutzen kann, um tiefer in die Versenkung und den gegenwärtigen Augenblick einzutauchen. Seien Sie sich also dieser zwei Punkte bei der Konzentration auf den Atem besonders bewusst.

Um im Hier und Jetzt zu bleiben, genügt es also, die Konzentration zurück auf den Atem zu lenken, wann immer man merkt, dass er nicht mehr im Fokus der Aufmerksamkeit steht. Das Knifflige hieran ist Letzteres: Man muss erst mal merken, dass man mit seiner Konzentration nicht mehr beim Atmen ist und die Gedanken abschweifen. Hat man dies geschafft, ist es leicht, den Fokus der Aufmerksamkeit neu auszurichten. Normalerweise stellt sich dieses Wissen schlagartig in einem kurzen lichten Moment der Erkenntnis ein: »Hoppla, ich bin ja mit meinen Gedanken ganz woanders!«

Diese scheinbar aus dem Nichts kommende Erkenntnis durchbricht den gerade ablaufenden Gedankenstrom und gibt uns die wertvolle Gelegenheit, unsere

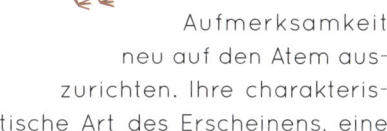

Aufmerksamkeit neu auf den Atem auszurichten. Ihre charakteristische Art des Erscheinens, eine Art blitzartigen Hereinbrechens in das Bewusstsein, hängt mit ihrem Ursprung zusammen: Es handelt sich um eine Form der sogenannten metakognitiven Kontrolle. Metakognition bezeichnet das Planen, Steuern und Kontrollieren von Denkabläufen, um sie zu optimieren und Fehler zu vermeiden. Ein Aspekt davon ist die metakognitive Kontrolle. Sie überprüft, wie gut man bei der Bearbeitung einer Aufgabe vorankommt: Ist man auf dem Weg zum geplanten Ziel oder ist man davon abgekommen? Wenn die metakognitive Kontrolle merkt, dass man vom eigentlichen Ziel abgekommen ist, dann meldet sie sich zu Wort. Und zwar in Form der beschriebenen schlagartigen Erkenntnis.

Durch regelmäßige Übung können wir trainieren, dass diese Momente der Erkenntnis vermehrt eintreten. Es ist wie ein unbewusst funktionierender Radar, den wir ausbilden und der uns mitteilt, wenn unsere Gedanken vom Meditationsobjekt, dem Atem, abwandern. Durch regelmäßige Meditationspraxis wird dieser Radar verlässlicher und signalisiert den Verlust der Aufmerksamkeit auf den Atem und damit auf das Hier und Jetzt immer präziser, öfter und schneller. Das Wandern der Gedanken tritt seltener auf, und wenn es auftritt, verliert man sich nicht mehr vollständig im Gedankenstrom, sondern erkennt eher, dass man abgeschweift ist. Deshalb freuen Sie sich, wann immer Sie einen solchen Augenblick erleben und rufen Sie durch diese Freude die Momente der Erkenntnis immer öfter hervor.

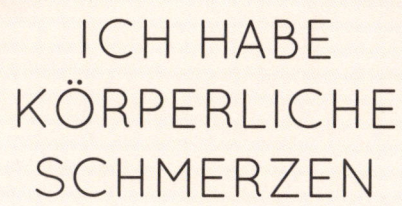

ICH HABE
KÖRPERLICHE
SCHMERZEN

Körperliche Schmerzen beim Sitzen sind ein häufig auftretendes Hindernis, auf das alle Anfänger stoßen. Doch auch fortgeschrittene Meditierende werden immer wieder mit Schmerzen konfrontiert, insbesondere bei längeren Meditationen. Sie können in vielfältiger Form auftreten, beispielsweise als Taubheit, Jucken, Drücken oder Ziehen, und an unterschiedlichen Stellen des Körpers – häufig sind Schmerzen im Schulter- und Nackenbereich, im unteren Rücken, Gesäß und Knie.

Der Körper ist es zu Beginn einfach nicht gewohnt, über längere Zeit regungslos in einer bestimmten Sitzposition zu verharren. Im Alltag sitzen wir zwar auch lange, beispielsweise im Büro, aber in der Regel nicht völlig still. Wir schauen beispielsweise auf einen Bildschirm und tippen auf einer Tastatur. Das fällt beim Meditieren weg, und so soll es auch sein, denn bei der Sitzmeditation geht es darum, die physische Aktivität auf ein Minimum zu reduzieren, so dass wir den Körper im besten Fall vergessen können. Das heißt jedoch nicht, dass er nicht da ist oder dass wir uns seiner nicht bewusst wären, ganz im Gegenteil: In der Meditation sind wir uns des eigenen Körpers vollauf bewusst, nur brauchen wir ihn nicht in unsere

Gedanken einzubeziehen oder gesonderte Energie für ihn aufzuwenden.

Das Problem mit körperlichen Schmerzen beim Sitzen ist zweifacher Natur: Erstens machen sie das Sitzen zu einer unangenehmen Angelegenheit. Wer sitzt schon gerne in einer unkomfortablen Hal-

tung, ohne sich bewegen zu können? Daraus wiederum geht ein zweites Problem hervor, denn wenn wir körperliche Schmerzen verspüren, tauchen sie in der Regel früher oder später auch als Gedanken in unserem Kopf auf. »Mein Nacken tut weh«, oder »Meine Schultern sind total verspannt«. Wenn diese Gedanken in unserem Kopf erscheinen, ist es nur natürlich, dass sie unsere Aufmerksamkeit fesseln.

Denn schließlich sind Schmerzen körperliche Signale, die verlässlich darauf hinweisen, dass etwas nicht ganz in Ordnung ist. Ist aber der Gedanke von Schmerz erst mal in unserem Kopf, ist es schwer, ihn wieder fallen zu lassen. Am Anfang mag das vielleicht noch gelingen, häufig aber wächst der Schmerz in den Gliedern und mit ihm der Gedanke daran, bis er schließlich so kraftvoll und groß ist, dass er das ganze Bewusstsein ausfüllt. Spätestens dann kann von Stille und Geistesruhe während der Meditation keine Rede mehr sein.

Was also können wir tun?

Zunächst einmal muss man wissen, dass körperliche Schmerzen zum Meditieren dazugehören: Früher oder später macht jeder mit ihnen Bekanntschaft.

Auch wenn sie unweigerlich auftreten, kann man sie doch verringern, indem man erstens auf eine korrekte Sitzhaltung achtet und zweitens den Körper an das regungslose Sitzen durch regelmäßige Praxis gewöhnt. Doch selbst wenn man diese beiden Punkte beachtet, werden Schmerzen auftauchen. Das macht aber nichts, denn wenn man richtig mit ihnen umgeht, kann man sie wie alle Hindernisse beim Meditieren nutzen, um von ihnen zu lernen und an ihnen zu wachsen.

Fangen wir also mit der richtigen Sitzhaltung an. Hier ist es wichtig zu betonen, dass keine Sitzposition per se schlechter oder besser – oder spiritueller! – ist als die andere.

∽ Tipp ∾

Man muss nicht wie in den populären Buddha-Darstellungen in einem perfekten Lotossitz Platz nehmen, um zu meditieren. Jede Sitzhaltung ist gut, solange sie nicht so bequem ist, dass Sie sofort in ihr einschlafen.

Da die Meditation aus dem Osten kommt und es in asiatischen Kulturen traditionell üblich ist, auf dem Boden zu sitzen, legen viele Meditationsanweisungen Sitzpositionen auf dem Boden nahe: Lotossitz, halber Lotos und burmesischer Sitz (siehe Seite 56). Im Westen ist es für erwachsene Menschen eher unüblich, auf dem Boden zu sitzen. Sie verbringen ihre Tage auf Bürostühlen, Sesseln oder Sofas. Als buddhistische Meditationslehrer in der zweiten Hälfte des 20. Jahrhunderts verstärkt im Westen zu lehren begannen, empfahlen sie manchen ihrer Schüler daher, einen Stuhl zu Hilfe zu nehmen.

Wenn Sie das Sitzen auf dem Boden also als unangenehm oder befremdlich empfinden, benutzen Sie einfach einen Stuhl mit gerader Rückenlehne. Probieren Sie in jedem Fall verschiedene Sitzhaltungen aus, bevor Sie sich auf eine festlegen.

Vielleicht haben Sie bereits eine Sitzhaltung, die Sie als natürlich empfinden und gerne einnehmen. Dann sollten Sie sie auch für die Meditation nutzen.

Verbreitete Sitzhaltungen bei der Meditation

- Voller Lotossitz: Beide Beine sind gekreuzt. Der rechte Fuß ruht auf dem linken Oberschenkel und umgekehrt. Die Fußsohlen zeigen nach oben. Eine Variation davon ist der halbe Lotossitz, bei dem beide Beine gekreuzt sind. Nur ein Fuß ruht auf dem gegenüberliegenden Oberschenkel.

- Burmesischer Sitz: Auf einem Kissen sitzend sind beide Beine gespreizt, wobei Unterschenkel und Knie flach auf dem Boden aufliegen. Der linke Fuß liegt am rechten Oberschenkel an; der rechte Fuß am linken Unterschenkel. Die Unterschenkel liegen beinahe parallel zueinander.

Egal, für welche Sitzhaltung Sie sich letztlich entscheiden – um Schmerzen zu vermeiden, ist es wichtig, dass Ihr Körper nicht in ihr erstarrt und verkrampft. Sie sollten vielmehr in einer entspannten Spannung sitzen. Diese erreicht man, wenn man der natürlichen Architektur der Wirbelsäule mitsamt ihrer sanften Wölbung folgt.

⤳ Tipp ⤳

Richten Sie Ihre Wirbelsäule auf, ohne sie gewaltsam durchzudrücken; das Aufrichten sollte sich mühelos anfühlen. Ist der Rücken in der richtigen Haltung aufgerichtet, kommen wie von selbst auch die Schultern und der Kopf in die korrekte Position: Die Schulterblätter fallen leicht nach hinten unten, das Kinn neigt sich sanft Richtung Brustkorb.

Dass Sie die richtige Haltung eingenommen haben, merken Sie daran, dass sich ein Gefühl von Zentriertheit und Stabilität, aber auch Offenheit und Ruhe einstellt.

Die Körperhaltung bestimmt mit, wie wir uns fühlen und umgekehrt die eigenen Gefühle auch unsere Körperhaltung. Denken Sie etwa an die vor Stolz geschwellte Brust, bei der die Wirbelsäule nach vorn durchgedrückt wird, damit man möglichst groß erscheint, oder an die vor Angst eingezogenen Schultern, bei der die Wirbelsäule gekrümmt wird, um sich möglichst klein zu machen. In der Meditation wählen wir eine mittlere Position. Wir sitzen weder in dem einen Extrem da noch in dem anderen, machen uns weder groß noch klein, sondern befinden uns in der goldenen Mitte zwischen den beiden: Die Wirbelsäule ist weder durchgedrückt noch gekrümmt, sondern befindet sich in einer natürlichen Balance.

Diese Balance, die mit einer angenehmen Ruhe und Offenheit einhergeht, überträgt sich auch auf unseren Geist. Wir nutzen also den Körper, um den Geist zu beeinflussen. Anders gesagt: Indem wir den Körper in Balance bringen, kommt auch unser Geist ins Gleichgewicht.

Wie gesagt: Neben der richtigen Sitzhaltung ist auch regelmäßige Praxis wichtig. Der Körper braucht einfach eine gewisse Zeit, um sich an das regungslose Sitzen in einer gleichförmigen Haltung zu gewöhnen. Die den Körper aufrecht haltende Stützmuskulatur lernt jedoch relativ schnell ihre neue Aufgabe. Anfangs werden Sie die Haltung häufig noch durch einen bewussten Willensakt korrigieren müssen. Doch schon nach wenigen Wochen ist Ihnen die richtige Haltung so weit in Fleisch und Blut übergangen, dass Sie sie automatisch einnehmen und aufrechterhalten können. Wenn Sie regelmäßig meditieren, werden Sie mit der Zeit ganz von allein schmerzfrei sitzen lernen. Haben Sie also ein wenig Geduld.

Auch die Dauer der Meditation spielt im Zusammenhang mit körperlichen Schmerzen eine Rolle: Je länger die Meditation, umso wahrscheinlicher sind Schmerzen. Die Dauer Ihrer Meditationssitzungen sollten Sie davon abhängig machen, wie viel Zeit Ihnen zur Verfügung steht, welches Ziel Sie mit der Meditation verfolgen und, ganz wichtig, was Ihnen persönlich am besten liegt.

20 Minuten täglich sind eine angemessene Dauer für Meditationseinsteiger. Das ist lang genug, um sich meditativ ausreichend tief zu versenken und kurz genug, um sie leicht in den Alltag einzubauen. Diese Dauer genügt, um alle körperlichen, geistigen und spirituellen Vorzüge des Meditierens, wie beispielsweise zur Ruhe kommen, zu genießen.

20 Minuten täglich sollte tatsächlich jeder für die Meditation freihalten können. Dennoch kann selbst diese überschaubare Zeitspanne Anfängern

bereits äußerst lang – zu lang – erscheinen. Aus diesem Grund ist es empfehlenswert, sich langsam an diese Dauer heranzutasten.

～Tipp～

Fangen Sie in der ersten Woche mit zweimal zwei Minuten täglich an.

Steigern Sie sich in der zweiten Woche auf zweimal fünf Minuten, in der dritten auf einmal zehn, dann 15 Minuten in der vierten Woche.

Die Erfahrung zeigt, dass dieses behutsame Herantasten an die Meditation es Körper und Geist enorm erleichtert, sich an die neue Haltung und Tätigkeit zu gewöhnen. Ab dem zweiten Monat sollten Sie versuchen, die Meditation auf die vollen 20 Minuten auszudehnen. Sie können das!

Auch wenn Sie das Sitzen in der Meditation langsam und schrittweise einüben, werden sich körperliche Schmerzen einstellen. Diese können von einem leichten Zwicken bis zu intensiv empfundenem Schmerz reichen. Generell sollten Sie versuchen, aufkommende Schmerzen zunächst zu ignorieren. Das gilt aber selbstverständlich nur für jene Schmerzen, die auf das Sitzen und nicht auf Krankheit oder Verletzung – beispielsweise einen verstauchten Knöchel oder Arthritis – zurückzuführen sind. Sollten Sie den Verdacht haben, dass Ihre Schmerzen durch Krankheit oder Verletzung bedingt sind, dann suchen Sie einen Arzt auf, bevor Sie mit der Meditation weitermachen.

Bei Schmerzen, die einfach vom reglosen Sitzen kommen, sollten Sie generell dem Drang, sich zu bewegen, so lange wie möglich widerstehen und ihm erst nachgeben, wenn es wirklich nicht mehr anders geht.

Wenn Sie merken, dass die Schmerzen so intensiv werden, dass Sie sie nicht länger ignorieren können, dann machen Sie sie vorübergehend zu Ihrem Meditationsobjekt: Ziehen Sie Ihre Aufmerksamkeit vom Atem ab und richten Sie sie auf

die körperliche Empfindung des Schmerzes. Versuchen Sie nun, den Schmerz einfach wahrzunehmen, ohne ihn zu bewerten. Manchmal löst er sich von allein auf. Wenn dies der Fall ist, kehren Sie dahin zurück, sich auf das Atmen zu konzentrieren.

Sollte der Schmerz stattdessen intensiver werden und Ihre Schmerzgrenze überschreiten, dann entscheiden Sie sich bewusst für eine Veränderung der Sitzhaltung. Achten Sie dabei darauf, die Meditation nicht zu unterbrechen: Verändern Sie Ihre Position ganz langsam und bleiben Sie dabei mit Ihrer Aufmerksamkeit bei den damit verbundenen körperlichen Empfindungen.

Eine Veränderung der Körperhaltung bringt häufig jedoch nur kurzzeitig Abhilfe. Denn auch wenn das ursprüngliche Problem verschwunden ist, wird an anderer Stelle bald das nächste auftauchen. Die Erfahrung zeigt, dass es zu Beginn der Meditationspraxis schlicht nicht möglich ist, durch eine Veränderung der Sitzhaltung körperlichen Schmerzen dauerhaft zu entgehen.

Sie sollten darum körperliche Schmerzen einfach als Bestandteil der Meditation betrachten. Dies schließt eine bestimmte Sichtweise auf die Schmerzen ein: Sie sind kein Gegner, mit dem man kämpft und den man besiegen muss, sondern ein organischer Bestandteil der Meditation, der zumindest am Anfang der Praxis auf natürliche Weise mit dem Sitzen verbunden ist.

Wenn Sie also Schmerzen haben,
gibt es keinen Grund, verärgert zu sein oder
an den eigenen Fähigkeiten zu zweifeln.

Dies alles würde nur dazu führen, dass der Schmerz Sie stärker ablenkt und von einer achtsamen Geisteshaltung entfernt. Versuchen Sie stattdessen, die Schmerzen als Gelegenheit zur Selbsterkenntnis zu betrachten, genauer: zur Erkenntnis über das Wesen von Ablehnung und Verlangen. Denn wir lehnen Schmerzen ab. Wir wünschen uns, sie wären nicht da. So erreicht man aber keine Schmerzlinderung oder Verbesserung der Situation. Wirklicher Frieden kann nur erlangt werden, wenn man die gegebenen Umstände vollständig akzeptiert, wie auch immer sie geartet sein mögen.

Während für Anfänger die beschriebene Methode schon Herausforderung genug ist, sollten fortgeschrittene Meditierende versuchen, sich mit dem Schmerz vertrauter zu machen und körperliche Bewegungen, die Abhilfe schaffen könnten, noch länger hinauszuzögern. Schmerz ist nie statisch, sondern dynamisch und mit unterschiedlichen körperlichen Empfindungen verbunden. Diese gilt es nun zu erkunden.

Gehen Sie hierzu in den Schmerz hinein und fragen Sie sich: Ist er stechend, brennend, dumpf, pochend etc.? Wie ist die Intensität: Sind die Schmerzen schwach, moderat oder schier unerträglich? Verharren die Schmerzempfindungen konstant an

einer Stelle, oder bewegen sie sich und verändern sich in ihrem Umfang? Bestehen sie aus einer einzigen Empfindung, oder sind es mehrere, die sich unterscheiden lassen? Wie viel von der Empfindung ist wirklich dem Schmerz zuzuschreiben und nicht der Reaktion des Verstandes auf den Schmerz?

Wenn man die körperlichen Schmerzen auf diese Weise zum Mittelpunkt der Aufmerksamkeit macht und sie in ihrem Wesen erforscht, scheint es anfangs oft, dass sie stärker werden. Erkundet man sie jedoch weiter, dann erübrigt sich das Problem der Schmerzen häufig, weil das Schmerzempfinden entweder ganz aufhört oder zumin-

dest so stark sinkt, dass man wieder normal weiter-
meditieren kann.

Wenn dies der Fall ist, dann lösen Sie die Aufmerksamkeit von der körperlichen Empfindung der
Schmerzen und kehren Sie zurück zum Atem.

Die Schmerzen lassen nach, weil wir durch die
eingehende Beschäftigung mit ihnen angefangen
haben, unseren inneren Widerstand gegen sie aufzugeben. Mit anderen Worten:

> Wenn wir den Schmerz akzeptieren,
> hört das Leiden auf.

Was ist damit konkret gemeint: Während Schmerzen bei der Meditation wie auch im Leben unaus-
weichlich sind, ist es das Leiden an ihnen nicht. Ob
wir leiden oder nicht leiden, ist immer eine Frage
unserer inneren Einstellung. Das Akzeptieren einer
gegebenen Sache (ob nun einer Empfindung oder
eines Umstands) ist das A und O, um das Leiden zu
vermeiden. Für unser Hindernis der auftretenden
Schmerzen bedeutet dies also: Gelingt es uns, sie
umfassend zu akzeptieren, dann erfahren wir die
Schmerzen zwar, aber wir leiden nicht mehr unter
ihnen, da wir aufgehört haben, mit ihnen im Widerstand zu sein.

Manchmal hilft aber alles nichts, und die Schmerzen bleiben einfach bestehen. Werfen Sie in diesem Fall nicht das Handtuch, sondern arbeiten Sie konstruktiv mit dem Schmerz, indem Sie ihn dauerhaft zu Ihrem Meditationsobjekt machen. Das ist ohne weiteres möglich und bringt sogar gewisse Vorteile gegenüber der Konzentration auf den Atem mit sich. Denn ein intensiver Schmerz verhindert, dass Ihre Aufmerksamkeit vom Meditationsobjekt abwandert; ablenkende Gedanken werden es demnach schwerer haben.

So können wir selbst dauerhaften Schmerz nutzen, um unsere Meditation zu vertiefen und uns in Achtsamkeit zu üben.

ICH FINDE
KEINE ZEIT

Regelmäßig Zeit zum Meditieren zu finden ist ein klassischer Stolperstein für Anfänger. Wenn man den Entschluss gefasst hat, mit dem Meditieren zu beginnen, wird man in der Anfangsphase häufig von einer Welle der Begeisterung, Inspiration und Entschlossenheit getragen. Sie macht es leicht, sich täglich die Zeit für die Meditation zu nehmen.

Doch schon nach kurzer Zeit verfliegt diese anfängliche Phase der Motivation; der Zeitaufwand wird immer stärker als Problem empfunden, das schwer zu bewältigen ist. Denn die private, freie Zeit abseits des Berufs ist oftmals knapp bemessen, und es gibt viele andere Dinge, die man in dieser Zeit tun muss oder will: sich um seine Kinder kümmern, einkaufen, Essen zubereiten etc. Kurzum: Die Zeit, die fürs Meditieren draufgeht, fehlt einem dann bei anderen wichtigen Sachen.

✗ Hier hilft nur eines: Vergegenwärtigen Sie sich, wie wertvoll und wohltuend die Meditation für Sie ist. Begegnen Sie sich mit Wertschätzung, und räumen Sie sich diese Zeit ausschließlich für sich selbst ein. Sie wissen doch: 20 Minuten täglich reichen. Denn mit einer regelmäßigen Praxis steht und fällt der Erfolg beim Meditieren. Wenn Sie den einen oder anderen Tag die Meditation schleifen lassen, wird es Ihnen schwerfallen, Fortschritte zu machen. Und wenn Sie keine Fortschritte machen, werden Sie schnell die Lust am Meditieren verlieren, weil ein glückliches friedvolles Gefühl ausbleibt. Da ist Frust nicht weit und die Gefahr groß, dass Sie früher oder später aufhören werden zu meditieren.

✗ Damit man sich die Zeit für die Meditation auch tatsächlich nimmt, muss man ihr von Beginn an einen hohen Stellenwert einräumen. Machen Sie sich also von vornherein klar, dass es sich bei der Meditation um eine bedeutungsvolle Tätigkeit handelt, die für Sie äußerst wichtig ist. Wenn Sie das nicht tun, wird es immer andere Dinge geben, denen Sie im Zweifelsfall – beispielsweise wenn Sie in Zeitnot sind – den Vorzug geben werden.

Weiter ist es hilfreich, die Meditation zu ritualisieren, sie also als einen festen, gleichförmig ablaufenden Bestandteil im Tagesablauf zu verankern. Optimal ist es, wenn man täglich zur selben Zeit meditiert; so kann die Meditation am leichtesten zur Gewohnheit werden. Auch wenn das nicht möglich ist, sollte die Meditation generell so natürlich und regelmäßig stattfinden wie möglich, und zwar, ohne dass man vorher das Für und Wider abwägen muss. Meditieren sollte so selbstverständlich sein wie Zähneputzen. ✗

⁓ Tipp ⁓

Einen Zeitplan aufstellen: Es ist hilfreich, sich feste Zeiten fürs Meditieren in seinen Kalender einzutragen.

Doch welche Zeit ist am besten dafür geeignet? Die richtige Tageszeit spielt eine große Rolle. Viele Menschen nutzen den Morgen kurz nach dem Aufstehen und noch vor dem Frühstück für die Meditation. Zu diesem Zeitpunkt ist der Kopf besonders klar, da er noch nicht mit den Eindrücken des Tages beschwert ist. Andere ziehen die Abendstunden vor, wenn die Arbeit des Tages hinter einem liegt. Manche meditieren sowohl am Morgen als auch am Abend. Der Mittag ist häufig problematisch – bei Berufstätigen aus zeitlichen Gründen, doch auch generell befindet sich das Energieniveau hier meist auf einem Tiefpunkt.

Bei der Wahl des richtigen Zeitpunkts für die Meditation sollten Sie Rücksicht nehmen auf Ihr körperlich-geistiges Energielevel, das sich in Wachheit und der Fähigkeit zur Konzentration ausdrückt. Sein Verlauf über den Tag ist individuell verschieden und unter anderem davon abhängig, welchem Chronotyp man angehört: »Lerchen« sind am Morgen besonders leistungsfähig, wogegen »Eulen« erst am Abend richtig auf Touren kommen. Bestimmt wissen Sie, zu welcher Tageszeit Sie sich besonders fit und tatkräftig fühlen. Nutzen Sie, wenn möglich, diese Zeit für die Meditation. Ein hohes Energieniveau erleichtert es, die Aufmerksamkeit beim Meditationsobjekt zu halten, und hilft zudem gegen den Anflug von Müdigkeit. Nach Mahlzeiten ist das Energieniveau in der Regel niedrig; aus diesem Grund sollten Sie nicht direkt im Anschluss daran meditieren. Probieren Sie einfach aus, welche Zeit Ihnen persönlich am besten liegt und sich am leichtesten in Ihren Tagesablauf einbauen lässt.

Alle bereits ausgeführten Punkte – Prioritäten setzen, ritualisieren, nach einem festen Zeitplan vorgehen und die innere Uhr beachten – helfen auch, um ein weiteres Problem in den Griff zu bekommen, das gerade Anfänger sehr gut kennen: das Aufschieben der Meditation. Denn wenn die

Meditation noch kein völlig selbstverständlicher Bestandteil des eigenen Alltages geworden ist, lockt die Versuchung, sich zu sagen: »Ich mache jetzt erst mal dies und das, danach kann ich ja immer noch meditieren.« Oder: »Heute lass ich's mal sein mit dem Meditieren, morgen ist ja auch noch ein Tag.«

Solche Ausflüchte kommen uns insbesondere an den Tagen in den Sinn, an denen wir wenig Lust haben. Sei es, weil wir das Meditieren als bleiern und mühsam empfinden und den Eindruck haben, nicht wirklich Fortschritte zu machen. Sei es, weil wir uns gerade nicht in Meditationslaune befinden, etwa weil wir uns müde, abgeschlagen oder gestresst fühlen.

In so einer Situation fällt es besonders leicht, die Meditation als weitere zeit- und energieraubende Verpflichtung in einem ohnehin als stressig empfundenen Alltag zu sehen, der von Termindruck und Hektik geprägt ist.

Wenn Sie merken, dass Sie daran denken, die Meditation aufzuschieben, ist es ratsam, sich rasch vor Augen zu führen, wie viele schöne Seiten die Meditation hat, wie wertvoll sie für Sie ist (siehe auch Kap. »Ich bin unmotiviert« die genannten Techniken und Methoden).

Doch selbst so kommt man nicht immer weiter. Wenn alle Stricke reißen, hilft am besten eines: nicht groß nachdenken, sondern einfach machen. Das ist natürlich leichter gesagt als getan. Doch Sie werden sehen: Ein beherzter Augenblick, in dem man die Gedankenketten seines inneren Aufschiebedialogs gewissermaßen mit einer scharfen Klinge durchtrennt und einfach macht, was man vorhatte, ist ungemein befreiend. Wie gesagt: nicht groß nachdenken.

> Die Meditation nimmt uns nicht Zeit,
> sie schenkt sie uns.

Der Impuls, die Meditation aufzuschieben, wird mit der Zeit im Übrigen von selbst kleiner werden, auch weil man interessanterweise durch eine wachsende Gelassenheit das Gefühl hat, nicht über weniger, sondern im Gegenteil über mehr Zeit zu verfügen.

ICH BIN
FRUSTRIERT

Frust ist ein Hindernis, das sowohl Anfänger als auch Fortgeschrittene kennen. Es ist so weit verbreitet und tritt so regelmäßig auf, dass man es fast als universelles Meditationshindernis betrachten könnte. Ohne Zweifel ist Frust einer der Hauptgründe, warum das Meditieren wieder aufgegeben wird; manchmal schon nach einigen Wochen, manchmal erst nach einigen Jahren.

Wenn man den Entschluss gefasst hat, mit dem Meditieren zu beginnen, fällt es in den ersten Wochen und Monaten häufig schwer, die Aufmerksamkeit dauerhaft auf das Meditationsobjekt, den Atem, zu richten. Immer wieder schweift der Geist ab, und wir verlieren uns im Spiel unserer Gedanken und Gefühle.

Nicht nur, dass die Gedanken irrlichtern, wir verstricken uns auch in ihnen und bewerten sie; ein reines, neutrales Beobachten der Gedanken im Zustand offenen Gewahrseins gelingt schwer. Kurz: Der Affengeist ist noch völlig unbändig, und man schafft es zunächst gar nicht, ihn unter Kontrolle zu bringen. Diese Erfahrung ist ganz normal und kann doch äußerst frustrierend sein.

Auch erfahrene Meditierende sind nicht vor Frust gefeit. Selbst wenn man die Aufmerksamkeit längere Zeit beim Meditationsobjekt halten kann und in Achtsamkeit geübt ist, gibt es doch immer wieder Tage, an denen es mit dem Meditieren nicht so recht klappen will: Kaum glaubt man, den Affengeist zumindest einigermaßen im Griff zu haben, schon kreisen die Gedanken wieder wild durch den Kopf, als ob man noch wenig bis gar keine Übung hätte. Oft handelt es sich außerdem nicht nur um Tage, an denen man das Gefühl hat, keine Fortschritte – oder sogar Rückschritte! – zu machen, sondern um längere Zeitperioden: Wochen und manchmal Monate. Dieser Zustand wird als extrem frustrierend empfunden und ist häufig der Grund, die Meditation endgültig an den Nagel zu hängen. Sowohl bei Anfängern als auch bei fortgeschrittenen Meditierenden stellen sich an diesem Punkt oft Zweifel ein: »Vielleicht bin ich einfach nicht für das Meditieren gemacht?«, oder »Was ist, wenn ich nicht intelligent oder spirituell genug dafür bin?«

Der Zweifel kann so intensiv werden, dass er den Entschluss, regelmäßig zu meditieren, untergräbt. Wenn das passiert, beginnt eine Art sich selbst verstärkender Kreislauf, denn wenn man nur noch unregelmäßig meditiert, bleiben auch die Fortschritte aus. Die Folge sind noch mehr Frust und noch mehr Zweifel, die wiederum den Unwillen zu meditieren verstärken. Um Frust und Zweifel entgegen- zuwirken, gibt es verschiedene Methoden, die in Kombination am besten wirken.

Zum einen hilft es, die eigenen Erwartungen an die Meditation zu überprüfen. Im Idealfall hegen Sie keine speziellen Erwartungen an die Meditation im Sinne von: »Wenn das und das nicht eintritt, bringt's die Meditation nicht und ich bin ich kein guter Meditierender bzw. war das keine erfolgreiche Meditation.« Gehen Sie stattdessen mit einer offenen, erwartungsfreien Haltung an die Meditation heran.

Im Zen-Buddhismus wird diese Geisteshaltung, die nichts Bestimmtes erwartet und mit kindlicher Offenheit die Dinge kommen lässt, wie sie sind, auch als »Anfängergeist« bezeichnet. Nehmen Sie also unbedingt von der Erwartung Abstand, dass sich sofort handfeste Ergebnisse einstellen müssen und Sie nach kurzer Zeit wie ein Buddha in vollkommener Geistesruhe meditieren können. Geben Sie sich einfach Zeit und üben Sie sich in Geduld, Ausdauer und Beharrlichkeit. Die scheinbar ausbleibenden Fortschritte in der Meditation geben uns Gelegenheit, diese wertvollen Tugenden in uns zu kultivieren.

Und selbst wenn Sie kein Anfänger mehr sind, sollten Sie stets versuchen, die Meditation mit einem Anfängergeist zu betreiben. Seine Offenheit und Erwartungslosigkeit gehen auch mit der Vorstellung einher, dass nicht alles bewertet werden muss.

Nehmen Sie sich die Freiheit,
Ihre Meditation einfach nicht zu bewerten:
Sie ist, wie sie ist.
Und egal, wie sie ist, sie ist gut.

Dazu gehört auch, sich nicht mit anderen Meditierenden zu vergleichen, nach dem Motto: »XY ist schon viel weiter als ich! Ich bin so ein Loser!« Das Vergleichen von

Fortschritten ist niemals hilfreich. Denn wenn man anderen dem subjektiven Empfinden nach voraus ist, können sich schnell Überlegenheitsgefühle und Hochmut einstellen; bei einem Nachhinken analog dazu Unterlegenheitsgefühle, die mit Frustration und Zweifel einhergehen.

Jeder Meditierende hat seinen eigenen Rhythmus und seine ganz persönlichen Einsichten. Deshalb macht es keinen Sinn, sich mit anderen zu vergleichen. Lassen Sie es einfach bleiben!

Wo keine besonderen Erwartungen und keine Bewertungen vorhanden sind, können Frust und Zweifel schwer gedeihen. Seien Sie also nicht so streng mit sich selbst, sondern üben Sie sich stattdessen darin, sich und ihrer Praxis mit liebender Güte, wohlwollender Nachsicht und achtendem Mitgefühl zu begegnen.

Es ist bereits ein großer Erfolg, wenn Sie sich überhaupt zur Meditation niederlassen. Nur eine Meditation, die ausfällt, ist keine erfolgreiche Meditation.

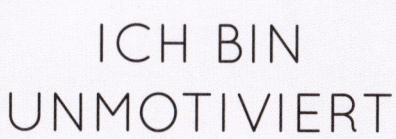

ICH BIN
UNMOTIVIERT

D as Hindernis fehlender Motivation betrifft typischerweise Anfänger, manchmal sind aber auch Fortgeschrittene für eine gewisse Zeit damit geplagt. Sich nicht aufraffen zu können, ist eng mit den Hindernissen der Frustration und des Selbstzweifels verbunden, aber auch mit dem des Keine-Zeit-Findens und Aufschiebens. Zusammen ergeben sie ein äußerst ungünstiges Gebräu. Fest steht: Motivation ist unerlässlich, um zu meditieren. Am Anfang ist sie in der Regel einfach da, das heißt, man muss sich nicht besonders anstrengen, um sich zu motivieren. Die anfängliche Begeisterung und Inspiration, die uns überhaupt dazu gebracht haben, mit dem Meditieren zu beginnen, genügen als Motivation zunächst vollauf.

Diese Phase des anfänglichen Elans vergeht jedoch; bei dem einen schneller, bei dem anderen langsamer. Aber sie vergeht. Immer. Dann sieht man sich vor die Aufgabe gestellt, die Motivation irgendwie aufrechtzuerhalten. Erschwerend kommt hinzu, dass man zu diesem frühen Zeitpunkt beim Meditieren oft noch keine wirklich großen Fortschritte gemacht hat, die einen motivieren könnten weiterzumachen. Sie bleiben stattdessen häufig aus, was frustrierend und demotivierend sein kann. Man kann als Anfänger seine Motivation also zunächst nicht daraus ziehen, dass sich ein gutes Gefühl beim Meditieren einstellt. Später, wenn Sie die ersten Erfolge verspüren, wie beispielsweise mehr Freude und wachsende Achtsamkeit, ist das nicht mehr notwendig. Die Früchte der Meditation sind dann Motivation genug.

Bei fortgeschrittenen Meditierenden treten Motivationsprobleme auf, wenn man das Gefühl hat, längere Zeit keine Fortschritte oder sogar Rückschritte zu machen. Dazu kann es kommen, wenn man in der Übung vorangeprescht ist, ohne die eigenen Fertigkeiten auf ein wirklich sicheres Fundament gestellt zu haben. Zum Beispiel ist es schwierig, sich problematischen Gefühlen zu stellen, ohne wirklich in Achtsamkeit geübt zu sein. Wie schon erwähnt sind häufig Frustration und Zweifel die Folge, die manchmal selbst bei erfahrenen Meditierenden dazu führen, dass sie schließlich ganz aufgeben.

Um die Motivation aufrechtzuerhalten, gibt es zahlreiche nützliche Methoden. Sie lassen sich einzeln oder in Kombination anwenden. Bei manchen wird es Ihnen leichter fallen, sie umzusetzen als bei anderen. Nutzen Sie wie immer die Methoden, die Ihnen am besten liegen.

Insbesondere für Anfänger ist es hilfreich, sich die Gründe vor Augen zu führen, aus denen man mit dem Meditieren angefangen hat. So lässt sich an die ursprüngliche Inspiration anknüpfen. Fragen Sie sich also: »Warum habe ich mit dem Meditieren begonnen? Was hat mich dazu gebracht?« Frischen Sie Ihr Gedächtnis sowie Ihre Motivation mit diesen Fragen auf und führen Sie sich die Früchte der Meditation vor Augen.

Werden Sie dabei ruhig konkret; malen Sie sich aus, wie es sich beispielsweise anfühlt, durchs Meditieren entspannter durchs Leben zu gehen und auch in Situationen, bei denen normalerweise der Stresspegel sofort in die Höhe schnellt, ruhig zu bleiben.

Vielleicht kennen Sie Menschen, die schon lange meditieren und deren Charakter Sie schätzen. Nehmen Sie sie als Vorbild und lassen Sie sich von ihnen inspirieren; unsere Mitmenschen sind in der Regel die kraftvollsten Inspirationsquellen.

Es ist darüber hinaus hilfreich, sich mit dem Thema Meditation vielseitig zu beschäftigen. Nutzen Sie verschiedene Medien – Zeitschriften, Bücher, das Internet, aber auch Vorträge, Kurse und Re-

treats –, um neue Facetten zu erfahren und Ihr Wissen rund um die Meditation zu vertiefen. Das hält die Faszination und damit die Motivation aufrecht.

Nicht zu unterschätzen ist der Wert der Unterstützung durch andere, um langfristig am Ball zu bleiben. Erzählen Sie Ihrer Familie und engen Freunden, dass Sie mit dem Meditieren beginnen möchten oder bereits begonnen haben. Machen Sie ihnen klar, wie bedeutsam die Meditation für Sie persönlich ist und wie wichtig, dass sie regelmäßig stattfindet. Bitten Sie sie um Unterstützung und sagen Sie vorab, dass früher oder später Durststrecken und Motivationstiefs zu erwarten sind und Sie in diesen Phasen für jede Hilfe besonders dankbar sein werden. Sie werden sehen: Ein ermutigendes Wort zur rechten Zeit kann sehr aufbauend sein.

Auch der Austausch mit anderen Meditierenden steigert die Motivation. Wenn Sie Freunde oder Bekannte haben, die meditieren, dann suchen Sie das Gespräch über eigene Erfahrungen und Hindernisse bei der Praxis. Wenn Sie es zeitlich einrichten können, dann versuchen Sie regelmäßig, beispielsweise einmal pro Woche, gemeinsam mit anderen zu meditieren. Zusammen mit Gleichgesinnten macht es viel Freude. Vermutlich gibt es auch in Ihrer Nähe eine offene Meditationsgruppe, der Sie

sich anschließen können. Das Gemeinschaftsgefühl, der Austausch in der Gruppe und die Anleitung durch einen guten Lehrer sind oftmals Gold wert, wenn es darum geht, motiviert am Ball zu bleiben.

Vielleicht hilft es Ihnen, sich nach der Meditation selbst zu belohnen. Dabei machen wir uns einen biologischen Mechanismus zunutze: Durch die Belohnung speichert unser Gehirn eine erfolgreich zu Ende gebrachte Meditation als positiv und erstrebenswert ab.

⮜ Tipp ⮞

Wenn Sie möchten, klopfen Sie sich selbst auf die Schulter im Sinne von: »Das habe ich gut gemacht!«. Oder belohnen Sie sich, indem Sie sich beispielsweise im Anschluss an die Meditation bewusst die Zeit für Ihren Lieblingstee nehmen. Oder ein Stück Schokolade genießen. Wählen Sie das, was immer sich für Sie gut anfühlt und Ihnen hilft, die Meditation zu einer freudigen Routine zu machen.

Eine andere Methode, die das Gehirn und insbesondere das Unterbewusstsein einbezieht, sind Affirmationen, also kurze, selbstbejahende Aussagen, die Sie ein paar Mal wiederholen. Zum Beispiel: »Ich meditiere mit Freude und Leichtigkeit.« Oder: »Ich komme zu mir selbst und werde ruhig wie ein tiefer

See.« Oder: »Ich bin heute sehr gut zu mir, indem ich meditiere.« Wenn Sie zu den Menschen gehören, die gerne mit Affirmationen arbeiten und gute Ergebnisse damit erzielen, dann sollten Sie sie auch nutzen, um Ihre Motivation fürs Meditieren zu steigern.

Nutzen Sie jede Möglichkeit, die sich Ihnen zur Motivation anbietet. In welcher Gestalt sie auch konkret daherkommen mag, schöpfen Sie sie voll aus. Sie selbst kennen sich am besten. Im Idealfall wissen Sie, wie Sie »ticken«, was Sie motiviert und wie Sie das Feuer der Motivation am besten am Lodern halten können.

Die Herausforderung gewohnheitsmäßig zu meditieren ist letztlich auch nichts anderes, als beispielsweise der regelmäßige Tanzkurs, die Runde joggen im Park oder ein Musikinstrument zu spielen. Immer ist Dranbleiben der Schlüssel, um Fortschritte zu erzielen und einen wirklichen Nutzen aus der Sache zu ziehen. Wenn es Ihnen also bereits gelungen ist, eine dieser Aktivitäten erfolgreich in Ihrem Leben unterzubringen, dann haben Sie vermutlich schon einige Erfahrung mit Motivationstiefs gemacht. Sie werden aber auch wissen, wie Sie sie überwinden können. Nutzen Sie dieses Wissen für die Meditation; es lässt sich in der Regel eins zu eins übertragen.

Sie sehen also: Es gibt eine ganze Reihe von Möglichkeiten, sich selbst zu motivieren. Sie haben sich in der Praxis als nützlich und wirksam erwiesen.

Am wirksamsten ist jedoch – und dieser Punkt ist ganz besonders wichtig –, eine bestimmte Sicht auf die Meditation einzunehmen. Denn solange sie als Pflicht gesehen wird, zu der man sich durchringt, oder als Zwang, dem man nachkommen muss, werden sich immer quälende Motivationsflauten einstellen.

Die Meditation sollte nie mit einem militärischen »Müssen«, rigider Strenge und eiserner Disziplin angegangen werden. Denn wenn sie so wahrgenommen wird, ist sie etwas, zu dem man sich überwinden muss. Auf diese Weise wird sie zu einer Last oder einem Kampf, den man immer wieder aufs Neue ausfechten muss. Eine derart negative Sicht auf die Meditation entspricht nicht ihrer Natur.

> Zu meditieren
> ist ein Akt der Freude
> und die Möglichkeit,
> dass wir meditieren können,
> ist ein großes Geschenk.

Dass die Meditation ihrem Wesen nach freudvoll ist, werden Sie früher oder später selbst erfahren. Auch wenn am Anfang der Meditationspraxis häufig Frust, Zweifel und Motivationsprobleme stehen, werden sie doch irgendwann abgelöst von einer tief empfundenen Freude während des Meditierens, die mit dem wunderbaren Gefühl inneren Friedens und innerer Freiheit einhergeht. Diese Freude ist unsere wahre Natur; die Meditation erlaubt es uns, sie zu erkennen.

Mit der Zeit fühlen wir diese Freude, die scheinbar grundlos ist und zugleich allumfassend, nicht nur während der Meditation. Sie klingt immer länger nach und durchdringt schließlich unsere Existenz so stark, dass sie stets da ist, wie auch immer es um die äußeren Umstände in unserem Leben bestellt sein mag.

Wenn wir diese Freude während der Meditation erst einmal selbst erfahren, dann verschwinden auch schnell alle Motivationsprobleme. Statt uns überwinden zu müssen, freuen wir uns darauf, meditieren zu können. Wir empfinden es als ein Geschenk. Und das ist es auch.

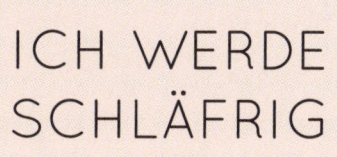

ICH WERDE
SCHLÄFRIG

Sich während der Meditation schläfrig zu fühlen und sogar kurzzeitig einzunicken ist ein typisches Hindernis fortgeschrittener Meditierender. Wenn Ihnen das passiert, sehen Sie es also positiv: Sie sind in Sachen Meditation nicht mehr völlig grün hinter den Ohren!

Zu Schläfrigkeit und Einschlafen kommt es dann, wenn es gelingt, die Aufmerksamkeit über längere Zeit relativ stabil beim Meditationsobjekt, dem Atem, zu halten. Dadurch stellt sich eine beruhigende Monotonie im Geist ein, die wiederum zu einem Absinken des Energiepegels führt: Der Affengeist ist durch die Bindung der Aufmerksamkeit an das Meditationsobjekt so stark beruhigt, dass er nicht mehr wie sonst hin und her springt. Sein Erregungs- und Energieniveau fällt also ab. Und wo Ruhe und ein niedriges Energieniveau zusammentreffen, sind Müdigkeit und Schlaf nicht fern.

Im Buddhismus wird als Vergleich für diesen Effekt manchmal das Bild eines jungen, zu trainierenden Elefanten herangezogen, der mit einem Seil angebunden ist: Am Anfang rennt der Elefant stürmisch in alle Richtungen und versucht, das Seil durchzureißen. Als er jedoch merkt, dass das nicht klappt, legt er sich nach einer Weile hin und schläft ein. Genauso verhält es sich mit dem Geist. Wir binden ihn gewissermaßen an das Meditationsobjekt an, so dass es ihm nicht mehr möglich ist, sich in alle Richtungen zu entfalten. Nach einer Weile beruhigt er sich dann – und wie bei dem Elefanten kann das so weit gehen, dass auch wir schläfrig werden.

Die Schläfrigkeit muss sich aber nicht explizit als solche äußern. Sie kann in verschiedenen Abstufungen und Schattierungen auftreten – als ein eher diffuses Gefühl geistiger Abwesenheit, eine Art Weggetretensein, als Anwandlungen von dumpfer Müdigkeit oder als Schläfrigkeit und tatsächliches Einnicken, als der bekannte Sekundenschlaf.

Allen Erscheinungsformen ist gemeinsam, dass sie die Aufmerksamkeit vom Meditationsobjekt abziehen. Während Gedanken, Empfindungen und Gefühle, denen wir folgen, dies auch tun, löst sich die Aufmerksamkeit bei den verschiedenen Formen der Schläfrigkeit jedoch eher in ein dumpfes, wahrnehmungsfreies Nichts auf. Dabei ist zu betonen, dass die während der Meditation auftretende Schläfrigkeit eine ganz besondere Form der Schläfrigkeit ist, die aus der Meditation selbst herrührt. Sie hat also nichts mit anderen »normalen« Formen der Müdigkeit zu tun, die auf Schlafmangel, Erschöpfung, vorgerückte Tageszeit etc. zurückgehen.

Wenn Sie während der Meditation so schläfrig werden, dass Sie kurzzeitig wegnicken, merken Sie es in der Regel wie folgt: Ihr Kopf sinkt nach unten, Ihr Körper sackt zusammen, um nach kurzer Zeit wieder ruckartig nach oben gezogen zu werden. Während dieses Rucks werden Sie sich plötzlich bewusst: »Oh, ich bin eingeschlafen.« Er rührt daher, dass sich die Muskeln, die den Körper aufrecht

halten und sich beim Einschlafen entspannt haben, reflexartig zusammenziehen, um ihn wieder in die Senkrechte zu befördern. Nach der aufweckenden Ruckbewegung folgt meist eine kurze Phase der Orientierung, in der man den Schlaf abschüttelt und wieder einigermaßen zu sich kommt. Doch schon kurze Zeit danach werden Sie merken, dass die Müdigkeit Sie von neuem überkommt. Sie hüllt Sie ein wie eine wohlig-warme Decke, und es braucht einige Willenskraft, um dem Drang einzuschlafen zu widerstehen. Häufig gelingt uns das nicht, was wir daran merken, dass wir mit dem nächsten Ruck erwachen.

Wenn wir es schaffen, nicht wieder einzuschlafen, erreichen wir dennoch nicht das Niveau an Wachheit, das wir sonst aus der Meditation kennen. Eine Grundschläfrigkeit bleibt bestehen. Sie erlaubt zwar die Meditation, allerdings fällt es schwe-

rer als sonst, mit der Aufmerksamkeit beim Atem zu bleiben; darüber hinaus empfinden wir die Meditation als weniger tief und klar. Hinzu kommt, dass die Schläfrigkeit sich jederzeit wieder verstärken kann und wir erneut in den Schlaf sinken. Dann löst sich die Aufmerksamkeit langsam vom Atem, und in unserem Geist erscheinen diffuse, traumartige Bilder, die ins Surreale abgleiten. Passen wir dann nicht auf, schlafen wir – schwupps – wieder ein.

Doch keine Sorge: Das lässt sich verhindern. Es gibt verschiedene Wege, um sich nicht halb dösend durch die Meditation quälen zu müssen. Da ist zunächst einmal die Tageszeit, zu der wir meditieren. Sie spielt eine wichtige Rolle dabei, wann wir uns energiegeladen und frisch oder abgespannt und müde fühlen (siehe auch Kap. »Ich finde keine Zeit«). Das ist auch von unserer inneren Uhr abhängig, die individuell unterschiedlich tickt. Um Schläfrigkeit vorzubeugen, versuchen Sie also, generell eine Zeit zur Meditation zu finden, in der Sie sich aktiv, wach und energievoll fühlen.

Und noch etwas: Meiden Sie das Meditieren direkt im Anschluss ans Essen. Warten Sie lieber ein wenig und gönnen Sie Ihrem Körper zuerst eine Pause von mindestens 20 Minuten zur Verdauung.

Ein weitere Möglichkeit, Schläfrigkeit zu vermeiden, ist die richtige Sitzhaltung. Achten Sie auf eine aufgerichtete Wirbelsäule (siehe auch Kap. »Ich habe körperliche Schmerzen« den Abschnitt zur Sitzhaltung). Diese Position beugt nicht nur körperlichen Schmerzen vor, sondern ebenso aufkommender Müdigkeit, da die Energie im Körper besser fließen kann. Das können Sie leicht selbst überprüfen: Setzen Sie sich einmal mit gekrümmtem Rücken und nach vorn gezogenen Schultern hin. Sofort werden Sie merken, dass Sie sich im Vergleich zu einer aufrechten Sitzhaltung schlaffer und energieloser fühlen.

Versuchen Sie darum in der Meditation eine Haltung einzunehmen, die von einer entspannten Spannung oder gespannten Entspannung geprägt ist. Anfänger brauchen häufig eine Weile, die Balance zwischen diesen beiden Polen herzustellen; hat man sie aber erst einmal erreicht, dann fällt es leicht, sie in der Sitzhaltung umzusetzen.

Dies alles hilft, um Schläfrigkeit im Vorfeld zu begegnen. Häufig stellt sie sich dann aber dennoch ein, während wir meditieren. In diesem Fall ist es hilfreich zu wissen, dass man sie gut in den Griff bekommen kann, wenn sie noch schwach ist, das heißt, wenn man noch nicht kurz vor dem Einschlafen steht. Wenn Sie also merken, dass Sie müde werden, ist es unerlässlich, sofort etwas dagegen zu machen. Auf diese Weise kann man verhindern, dass die Schläfrigkeit überhandnimmt.

Im Idealfall verhindern Sie so, dass Sie einnicken. Sollten Sie dagegen schon eingeschlafen und wieder aufgewacht sein, dann versuchen Sie, Ihre Wachheit auf ein Level zu hieven, das verhindert, dass Sie sofort wieder wegdösen.

Wichtig ist, dass Sie in beiden Fällen nicht anfangen, sich über sich selbst zu ärgern und sich innerlich anblaffen wie: »Mist, jetzt bin ich schon wieder müde!« oder »Bin ich doch tatsächlich eingeschlafen – wie blöd!«. Mit solch einem Dialog in unserem Kopf erreichen wir nur, dass sich unnötige Gedanken und Gefühle in uns breitmachen. Sie rauben uns die Ruhe und Geistesklarheit und führen uns fort von der Achtsamkeit, die gerade jetzt sehr wichtig ist.

Nehmen Sie das Gefühl der Schläfrigkeit aus diesem Grund wahr wie alle Gefühle während des Meditierens: mit offenem, nicht bewertendem Gewahrsein.

Wie alle Hindernisse ist auch die Schläfrigkeit letztlich eine wertvolle Gelegenheit zu lernen und zu wachsen.

∽ Tipp ∽

Mit den zwei folgenden Methoden, die auch gut kombiniert werden können, bleiben Sie wach:

1. Ein paarmal kräftig und tief durchatmen: Nehmen Sie hierzu drei bis vier Atemzüge, wobei Sie möglichst vollständig ein- und ausatmen. Halten Sie am Höhepunkt des Einatmens den Atem für ein paar Sekunden an, dann atmen Sie kräftig aus.

2. Mit den Muskeln arbeiten: Spannen Sie hierzu sämtliche Muskeln in Ihrem Körper an, wobei Sie versuchen, die Spannung möglichst lange zu halten. Im Idealfall so lange, bis ein leichtes Zittern eintritt. Wiederholen Sie diesen Vorgang einige Male.

Beide Techniken basieren darauf, dass bei der Schläfrigkeit ein Energiedefizit herrscht. Beide versuchen, dieses Defizit auszugleichen. Bei der ersten Methode wird das Blut stärker mit Sauerstoff angereichert, bei der zweiten bewusst eine körperliche Anstrengung herbeigeführt, um Körper und Geist anzuregen. Darüber hinaus helfen beide Methoden, indem sie die Meditation kurzzeitig unterbrechen; sie stellen einen Einschnitt dar, der es erlaubt, von da an mit einem wacheren Geist fortzufahren. Doch allein schon der Vorsatz, durch diese Maßnahmen die Schläfrigkeit einzudämmen, ist in seiner Wirksamkeit nicht zu unterschätzen.

Die beschriebenen Techniken haben den Vorteil, dass man seine Meditationshaltung nicht zu ändern braucht. Wenn man mit ihnen aber keinen Erfolg hat und in Kauf nimmt, seine bisherige Haltung aufzugeben, kann man beispielsweise auch dazu übergehen, im Stehen oder Gehen zu meditieren. Wenn all das erfolglos bleibt, hilft als letzter Ausweg eine Handvoll kaltes Wasser ins Gesicht.

Es geht aber auch noch rabiater: In japanischen Zen-Klöstern werden Eingeschlafene mit einem Antippen geweckt, um daraufhin von einem Aufseher zwei feste Schläge mit einem Holzstab auf die Schultern zu bekommen.

Im Allgemeinen sollten Sie bei Schläfrigkeit jede Möglichkeit nutzen, um Ihr Energieniveau wieder so weit anzuheben, dass Sie die Aufmerksamkeit beim Meditationsobjekt halten und erneut in den Zustand offenen Gewahrseins kommen können.

Welche Methode Sie letztlich auch nutzen, einen Misserfolg erkennen Sie daran, dass die Schläfrigkeit schon nach kurzer Zeit wieder intensiver wird und Sie erneut in den Schlaf abzusinken drohen.

Wenn das geschieht, haben Sie sich nicht in ausreichendem Maß energetisiert. Wiederholen Sie in diesem Fall eine Methode Ihrer Wahl, und zwar so lange, bis Sie die Aufmerksamkeit auf den Atem für eine längere Zeitspanne – zumindest ein paar Minuten lang – aufrechterhalten können.

Wenn Sie die Schläfrigkeit so weit gebannt haben, dass Sie nicht unmittelbar vor dem Wegnicken stehen, gilt es, die Aufmerksamkeit auf das Meditationsobjekt sowie das offene Gewahrsein zu stabilisieren und auszuweiten.

Doch wie lässt sich dies ohne Umwege erreichen? Da die Schläfrigkeit auf ein Energiedefizit zurückgeht, das durch das einseitig monotone Halten der Aufmerksamkeit auf den Atem hervorgerufen wurde, ist es sinnvoll, genau an diesem Punkt anzusetzen: Der Raduis unsrerer Aufmerksamkeit war zu klein und einseitig ausgerichtet, um ein ausreichend hohes Stimulations- und Energielevel für längere Zeit zu erzeugen. Als Lösung bietet es sich also an, die Reichweite unserer Aufmerksamkeit zu vergrößern.

Bleiben Sie dazu mit Ihrer Aufmerksamkeit auf den Atem gerichtet, dehnen Sie aber zusätzlich Ihr Gewahrsein bewusst auf körperliche Empfindungen, Gefühle, Umgebungsgeräusche etc. aus. So wird die einseitige Monotonie der nur beim Atem verharrenden Aufmerksamkeit aufgebrochen und ein erhöhtes Maß an geistiger Stimulation ermöglicht. Sie hält das Energieniveau hoch und Sie damit wach.

Sie können aber auch die Aufmerksamkeit auf den Atem kurzzeitig ganz aufgeben und voll in das ausgedehnte Gewahrsein wechseln, das sowohl die äußere Umgebung als auch die Innenwelt der Empfindungen, Gefühle und Gedanken umfasst. Energetisieren Sie sich mit einer dieser beiden Techniken, die auch kombiniert oder abwechselnd genutzt werden können.

Sobald Sie sich wieder wach fühlen, fahren Sie mit der Meditation fort wie sonst. Achten Sie dabei jedoch darauf, zu einer gesunden Balance zwischen der Aufmerksamkeit auf den Atem einerseits und den durch das offene Gewahrsein gewonnenen Eindrücken andererseits zu finden. So verhindern Sie, dass sich eine zu einseitige Fokussierung der Aufmerksamkeit auf das Meditationsobjekt entwickelt – und können hierdurch einer einschläfernden

Monotonie entgehen. Mit wachsender Übungspraxis werden Sie das von allein machen; spätestens
dann löst sich das Hindernis des Einschlafens in
Luft auf.

EINE FLIEGE STÖRT MICH

Das Hindernis der störenden Fliege kennt wirklich jeder. Nicht nur, dass sie sich auf die Haut setzt, oftmals bleibt sie auch in der Nähe, fliegt lautstark um einen herum, um dann zu landen und nach einiger Zeit wieder zu starten – und alles geht von vorn los.

Da man den Vorsatz gefasst hat, sich so wenig wie möglich zu bewegen, fällt das Verscheuchen mit der Hand flach: Wir würden die Fliege gerne in die Flucht schlagen, wie wir das im Alltag ja auch tun würden, können es aber nicht. Die Folge ist, dass man das Gefühl hat, der Fliege ausgeliefert zu sein. Das ist ungemein frustrierend und wird von vielen Meditierenden als extrem störend empfunden: Unter diesen Bedingungen scheint es schier unmöglich, die Aufmerksamkeit auf den Atem gerichtet zu halten und im offenen Gewahrsein zu bleiben.

Was kann man also tun? Zunächst einmal ist es hilfreich, wenn man sich bewusst wird, was genau man eigentlich als störend empfindet. Ist es das Summen, wenn die Fliege in der Luft ist, oder das Kribbeln auf der Haut, wenn sie gelandet ist? In diesen Fällen wäre es eine Störung, die auditiver bzw. taktiler Natur ist und damit mit körperlichen Empfindungen zusammenhängt.

Vielleicht ist es aber gar nicht das Summen oder das Kribbeln, das uns stört. Viele Menschen ekeln sich vor Fliegen, was darauf zurückgeht, dass Fliegen von Exkrementen angezogen werden. Sie gelten daher als schmutzig. Damit wäre das eigentlich Störende an ihnen nicht ihr Summen oder das Kribbeln, das sie auf der Haut verursachen, sondern ein Gefühl der Abneigung, das sie unbewusst in uns auslösen: ein leichter Ekel. Dieser verstärkt sich, je intimer wir die Körperpartie einstufen, auf der sich die Fliege niederlässt. Die Region um den Mund ist dabei besonders problematisch.

～Tipp～

Wenn das nächste Mal eine Fliege Ihre Meditation stört, dann finden Sie zunächst einmal heraus, worin genau die Ursache der Störung liegt. Wenn es die Lautentwicklung und das Kribbeln sind, dann gehen Sie damit am besten genauso um wie mit allen anderen körperlichen Empfindungen: im Zustand offenen Gewahrseins wahrnehmen, ohne sie zu bewerten und sich davon verrückt machen zu lassen. Nehmen Sie die Empfindung einfach nur wahr.

Erst wenn sich der bewertende und analysierende Verstand einschaltet und uns sagt: »Wie nervig! Wie soll ich denn so meditieren können?«, wird aus den körperlichen Empfindungen ein Problem.

Davor waren es nur Reize, die wir durch unsere Sinne wahrgenommen, dann durch das Nervensystem verarbeitet haben, und die sich schließlich als körperliche Empfindung ausdrückten. Jetzt, wo wir sie bewerten und in ihrer Wirkung analysieren, erwachsen aus ihnen negative Gedanken und Gefühle, unter denen wir leiden. Bleiben das Analysieren und Bewerten durch den Verstand aus, gibt es auch kein Hindernis und damit kein Leiden.

Letztlich ist die Problemstellung hier nicht anders als bei körperlichen Schmerzen, die beim Sitzen auftreten können, wie Jucken, Druckgefühle, Taubheit etc. (siehe auch Kap. »Ich habe körperliche Schmerzen« zum richtigen Umgang mit Schmerzen). In Kurzform: Nehmen Sie die von der Fliege verursachte körperliche Empfindung idealerweise mit einem neutralen, nicht bewertenden Gewahrsein wahr. Ignorieren Sie sie, solange Sie können, und machen Sie sie zu Ihrem Meditationsobjekt, wenn die Ablenkung zu groß wird.

Seien Sie sich dabei immer bewusst, dass die Erfahrung von Schmerz oder unangenehmen körperlichen Empfindungen unumgänglich ist. Schließlich sind wir Menschen, die mit einem Nervensystem und Schmerzrezeptoren ausgestattet sind. Doch Leiden ist stets auch eine Frage unserer inneren Haltung. Erst wenn der Schmerz mit Widerwillen verbunden ist, wird aus ihm Leiden. Gelingt es uns aber, ihn zu akzeptieren, so wie er ist, dann ist der Schmerz nur Schmerz, und nicht mehr.

Mit wachsender Übung fällt dies zunehmend leichter, sowohl bei körperlichen Schmerzen als auch bei Empfindungen wie Kribbeln oder Jucken, die eher ablenkend als schmerzhaft sind.

Sollte es sich bei der Störung durch die Fliege eher um eine gefühlsmäßige Abneigung handeln, dann können Sie auch in diesem Fall mit dem Gefühl umgehen wie mit allen anderen Gefühlen und Emotionen, die während des Meditierens auftreten können: Nehmen Sie es mit achtsamem, offenem Gewahrsein wahr. Sie unterdrücken es also weder vorsätzlich, noch geben Sie ihm nach – das würde es nur noch verstärken. Lassen Sie es einfach kommen, wenn es kommt, nehmen Sie es wahr, solange es da ist, und lassen

Sie es gehen, wenn es geht. Nutzen Sie die Gelegenheit, die Ihnen die Fliege bietet, um das offene, nicht bewertende Gewahrsein einzuüben.

Statt sich in Gefühlen der Abscheu zu ergehen und über die Fliege zu ärgern, sollten Sie versuchen, die Fliege statt als Gegner als Ihren Freund zu betrachten. Heißen Sie sie willkommen, wie Sie es mit einem guten Freund machen würden. Im Buddhismus spricht man in diesem Zusammenhang von liebender Güte *(Metta)*, die man seinen Mitmenschen und eben auch Mitgeschöpfen entgegenbringen kann.

Wenn Sie für eine vermeintlich störende Fliege liebende Güte statt Abneigung fühlen, dann schaffen Sie es bestimmt leicht, auch anderen Wesen gegenüber – vom taktlosen Kollegen bis zum nervenden Sitznachbarn im Bus – so zu empfinden. Auch für die Praxis der liebenden Güte gibt Ihnen die Fliege also eine wertvolle Gelegenheit zur Übung. Nutzen Sie sie!

MIR IST
LANGWEILIG

L angeweile ist ein Problem, dem vor allem Anfänger begegnen, die nicht mehr ganz, aber
doch relativ am Beginn ihrer Praxis stehen;
streckenweise kommt sie aber auch bei Fortgeschrittenen vor. Sie führt dazu, sich in Tagträumen
zu verlieren, in Erinnerungen zu schwelgen oder
sich ausgiebig mit Plänen zu beschäftigen, anstatt
zu meditieren.

Vermutlich kennen Sie folgende Situation: Sie
haben sich mit dem Vorsatz hingesetzt, gewissen-
haft zu meditieren. Doch schon nach kurzer Zeit
finden Sie es unendlich langweilig, Ihre Aufmerksamkeit auf das Meditationsobjekt, den Atem, zu
richten und sich in offenem Gewahrsein zu üben.

Ohne es zu merken, beginnen Sie, sich im Kopf
anderen, interessanteren Dingen zuzuwenden. Das
können Tagträume sein, Erinnerungen an Erlebnis-
se, die auf einmal ins Bewusstsein kommen, oder
auch scheinbar konstruktivere, auf die Zukunft
gerichtete geistige Aktivitäten wie Pläneschmie-
den und Organisieren: »Was mache ich, wenn ich
mit dem Meditieren fertig bin? Muss ich eigentlich
noch etwas zum Essen für heute Abend besorgen?
Treffe ich mich am Wochenende vielleicht mal wieder mit XY?«

Am Ende der Meditation stehen Sie auf und haben es tatsächlich geschafft, keine fünf Minuten richtig zu meditieren!

Das kann natürlich nicht Sinn der Sache sein. Denn wenn Sie die Zeit, die Sie in Meditation verbringen, für andere geistige Aktivitäten nutzen, könnten Sie genauso gut darauf verzichten und einfach nur diesen anderen geistigen Aktivitäten nachgehen. Das hätte den Vorteil, dass Sie nicht

mit einem Gefühl von Versagen und Frustration aus der Meditation aufstehen müssten, wie es häufig der Fall ist, wenn Ihnen bewusst wird, dass Sie Ihre Absicht zu meditieren nicht einhalten konnten. Aus dem Gefühl der Frustration geht das bereits beschriebene Problem der verminderten Motivation hervor, das wiederum zu weniger Übungspraxis und damit zu weniger Fortschritten und noch mehr Frust führt. Willkommen im Teufelskreis, an dessen Ende nicht selten die Lust zu meditieren ganz verloren geht. Sie sehen: Langeweile und die damit verbundenen Konsequenzen sind eine durchaus ernstzunehmende Sache.

Was macht man also am besten? Fragen wir hierfür doch zunächst nach den Ursachen der Langeweile. Bei Anfängern rührt sie hauptsächlich daher, dass der Geist eine Tätigkeit ausführen soll, die er nicht gewohnt ist und die er als einseitig und monoton empfindet. Denn normalerweise ist der Geist frei und kann sich entfalten, wie und wohin er möchte: Der Affengeist kann sozusagen nach Lust und Laune von Ast zu Ast springen und nach allem greifen, das ihm zwischen die Finger kommt. In der Meditation geht das nicht mehr. Wir binden den Affengeist gewissermaßen fest an, indem wir

unsere Aufmerksamkeit auf das Meditationsobjekt, den Atem, richten und dabei zugleich durch offenes Gewahrsein

üben, uns nicht in auf-
steigenden Gedanken,
Empfindungen und Ge-
fühlen zu verfangen.

Zumindest ist das der Plan.
Denn das funktioniert wie gesagt
am Anfang nur eingeschränkt: Immer wieder springt unser Geisteszustand hin und her zwischen dem alltäglichen, zerstreuten Affengeist und
der auf einen Punkt konzentrierten Geisteshaltung
der Meditation. Zunächst ist es allein fehlender
Übung zuzuschreiben, dass wir unsere Aufmerksamkeit nicht lange beim Atem halten können.
Mit der Zeit lernen wir das aber. Und dann kommt
Langeweile ins Spiel. Denn die Bündelung der Aufmerksamkeit auf das Meditationsobjekt ist im Vergleich zu den vielen unterschiedlichen Eindrücken
und Gedanken, die der Affengeist erfährt, natürlich
einseitig.

Ab einem gewissen Stadium in der Meditationspraxis ist das Zurückfallen in den alltäglichen Zustand des Affengeists also nicht mehr allein eine
Frage fehlender Übung, sondern auch der Langeweile: Wir kehren aus dem fokussierten (Buddhisten nennen es »einsgerichteten«) Geist der Meditation zum Affengeist zurück, um der Langeweile

zu entkommen. Das Problem der Langeweile verschärft sich sogar häufig mit zunehmender Praxis, da es uns immer leichter fällt, die Aufmerksamkeit zu fokussieren und diesen Zustand zu halten. Das führt dann dazu, dass uns die Meditation immer einseitiger, monotoner und damit langweiliger erscheint. Tatsächlich kann die Monotonie zusammen mit Langeweile und einem niedrigen Energieniveau so träge machen, dass man müde wird und schließlich sogar einschläft.

Langeweile gehört zur Meditation
wie die spiegelglatte See zur Windstille,
sie liegt im Wesen der Meditation
begründet — und damit ist es nur normal,
dass man früher oder später
damit konfrontiert wird.

Wie beim Auftreten von Schläfrigkeit kann man es als günstiges Anzeichen sehen, dass man nicht mehr ganz am Anfang steht. Denn die Langeweile kommt wie beschrieben erst auf, wenn man ein bestimmtes Übungslevel erreicht hat und fähig ist, seine Aufmerksamkeit relativ stabil auf dem Atem zu halten. Sehen Sie es also positiv!

Aber was kann man denn nun gegen die Lange-weile tun? Wenn Ihnen langweilig ist und Sie sich während der Meditation mit Tagträumen, Erinne-rungen oder Plänen beschäftigen, dann ist es ein erster Schritt, sich darüber klar zu werden. Denn wenn man sich nicht bewusst ist, dass man sich anderen Dingen im Kopf anstelle des eigentlichen Meditationsziels zuwendet, kann man logischer-weise auch nichts dagegen machen.

Sie werden sich darüber bewusst, dass Sie sich in tagträumerischen Fantasien, Plänen oder Erinnerun-gen verloren haben, wie Sie sich generell über den Verlust der Aufmerksamkeit auf das Meditations-objekt bewusst werden: durch einen Aha-Moment der Erkenntnis, der plötzlich über Sie kommt und Ihnen klarmacht: »Oh, ich bin nicht mehr bei der Sache. Meine Aufmerksamkeit ist nicht mehr auf den Atem gerichtet.« Dieser Moment lässt sich nicht vorsätzlich herbeiführen, da es sich um einen Er-kenntnisakt handelt, für den hauptsächlich das Un-bewusste verantwortlich ist (siehe auch Kap. »Mir fällt es schwer, im Hier und Jetzt zu bleiben«).

Sie können jedoch leicht einen Sinn ausbilden, der Ihnen sagt, wann Ihre Aufmerksamkeit verlo-rengeht. Dieser »Radar« für den Verlust der Auf-merksamkeit ist gut zu trainieren, indem Sie sich jedes Mal freuen und dankbar sind, wenn er auftritt. Durch diese Verbindung mit positiven Gefühlen wird er mit der Zeit immer zuverlässiger und schneller.

Wenn Sie erkannt haben, dass Sie tagträumen, dann nutzen Sie folgende Technik: Vergrößern Sie die Reichweite Ihrer Aufmerksamkeit, um sich ausreichend zu stimulieren und ein höheres Energielevel zu erreichen (siehe auch ausführlich Kap. »Ich werde schläfrig«).

⌁ Tipp ⌁

Erweitern Sie das Gewahrsein auf körperliche Empfindungen, Gefühle, Umgebungsgeräusche etc., bleiben Sie aber mit der Aufmerksamkeit auf den Atem gerichtet.

Sie können stattdessen aber auch die Aufmerksamkeit auf den Atem kurzzeitig komplett aufgeben und voll in das umfassend ausgedehnte Gewahrsein wechseln.

Verscheuchen Sie die Langeweile mit diesen beiden Methoden, die auch abwechselnd angewandt werden können.

Diese zwei Techniken helfen, wenn die Ursache der Langeweile in der Monotonie und Reizarmut der Meditation selbst liegt. Manchmal ist die Ursache aber ein wenig anders gelagert: Wir finden auch Situationen oder Tätigkeiten langweilig, die uns unbedeutend oder sinnlos erscheinen.

Diese Form der Langeweile tritt auf, wenn Fortschritte in der Meditation ausbleiben. Das kann sowohl Anfänger als auch erfahrene Meditierende betreffen. Dann beschleicht uns das Gefühl, viel Zeit und Energie in eine Sache zu stecken, die sich letztlich nicht auszahlt: Der Aufwand lohnt sich nicht. Als Folge stellen sich Frust und Langeweile ein, oft auch in Verbindung mit einem gewissen Widerwillen, uns mit etwas zu beschäftigen, dessen Sinn uns aufgrund des ausbleibenden Erfolgs verschlossen bleibt. Zusammen veranlassen sie uns, uns während der Meditation in alle möglichen anderen geistigen Aktivitäten zu flüchten. Und schon fangen wir an, uns mit Tagträumen, Fantasien, Erinnerungen etc. zu zerstreuen.

Wenn es sich um diese Form Langeweile handelt, dann hat das eher mit mangelnder Motivation zu tun. Wie Sie Ihre Motivation neu beleben und sich inspirieren können, haben Sie ja bereits erfahren (siehe Kap. »Ich bin unmotiviert«).

Das Problem der Langeweile und Zerstreuung, die auf eine mangelnde Motivation zurückgehen, löst sich von selbst, wenn Sie stetig am Ball bleiben. Denn mit der Zeit werden sich unweigerlich Erfolgserlebnisse ein- bzw. wieder einstellen, die als Motivation genügen.

Letztlich werden Sie nicht umhinkommen zu erkennen, dass die Meditation keineswegs langweilig, sondern eine zutiefst freudvolle und befriedigende Tätigkeit ist. Lassen Sie sich also von Langeweile, die ab und zu auftritt, ja nicht entmutigen!

IN MIR
STEIGEN
BELASTENDE
GEFÜHLE AUF

Mit belastenden Gefühlen konfrontiert zu werden, kennen vor allem fortgeschrittene Meditierende. Es hat folgende Ursache: Der Geist ist durch die Meditation so stark beruhigt, dass emotional aufgeladenes Material aus dem Unbewussten emporsteigen kann. Das ist eine völlig normale Erscheinung während des Meditierens, die sich regelmäßig ab einem bestimmten Grad der Übung einstellt. Auch wenn sie Ihnen zunächst aufwühlend oder erschreckend vorkommen mag, sollten Sie zuversichtlich weiterüben, denn das Aufsteigen von problematischen Gefühlen ist generell ein gutes Zeichen. Es zeigt Ihnen, dass Sie Fortschritte in der Meditation erzielt haben, und ist ein wichtiger Schritt für Sie – nicht nur in Ihrer Meditationspraxis, sondern auch in Ihrer Persönlichkeitsentwicklung.

Sie haben jetzt ein Niveau erreicht, das die Konfrontation mit belastenden, problematischen Emotionen erlaubt, die womöglich seit vielen Jahren verdrängt im Unbewussten wirksam waren.

In der Meditation gelangen diese Emotionen ins Bewusstsein, wo wir sie wahrnehmen, erleben und auflösen bzw. loslassen können. Wie alle Hindernisse in der Meditation sind aufwühlende Gefühle also in Wirklichkeit gar kein Problem, sondern ein guter

Nährboden, um als Persönlichkeit zu reifen und als Mensch zu wachsen.

Belastende Gefühle kündigen sich häufig durch eine Art Unruhe, Ungeduld oder ein unspezifisches Aufgewühltsein an. Es ist wie bei einem Erdbeben, das sich bereits im Vorfeld durch einige Hinweise bemerkbar macht: Die Erde zittert leicht, Tiere werden nervös, etwas liegt in der Luft. Ähnlich bei uns: Wir spüren es brodeln, können aber oftmals noch nicht genau benennen, was da vor sich geht.

～Tipp～

Unterdrücken Sie die Unruhe nicht. Lassen Sie sie stattdessen zu und spüren Sie in sie hinein. Heißen Sie die Unruhe als einen Vorboten willkommen, auf den noch mehr und Größeres folgt. Ab einem gewissen Punkt wird die Unruhe häufig abgelöst von einem bestimmten emotional aufgeladenen Material, das vorher in uns schlummerte und nun sozusagen aus der Tiefe emporkommend an die Oberfläche tritt.

Dieses Material kann in zwei Formen ins Bewusstsein treten: entweder als Bild, Gedanke oder Erinnerung, die häufig mit starken, problematischen Gefühlen verbunden sind, oder als pures Gefühl wie Angst, Wut oder Trauer, das an nichts gebunden wie freischwebend im Raum erscheint. Ersteres ist für uns in der Regel leichter zu verstehen, weil das Gefühl hier in eine bestimmte Situation oder ein konkretes Ereignis eingebettet ist, während das nackte Gefühl im zweiten Fall sich scheinbar ohne Ursache offenbart und daher schwerer zu deuten ist.

In welcher Form auch immer das emotional aufgeladene Material ins Bewusstsein kommt, es handelt sich bei ihm in jedem Fall um einen Stoff, der in Ihrer Psyche zu einem bestimmten Zeitpunkt Ihres Lebens eine problematische Rolle gespielt hat und der noch nicht vollständig aufgearbeitet und integriert ist.

Das zeitliche Spektrum erstreckt sich von frühkindlichen Erfahrungen bis zur Gegenwart und kann qualitativ beispielsweise von subtilen Verletzungen wie die Erfahrung von Spott oder Scham über Gefühlen der Minderwertigkeit, die vielfältige Ursachen haben können, bis hin zu schweren seelischen Traumata reichen. Der Bandbreite an emotional aufgeladenem Material, das in der Meditation zum Vorschein kommen kann, ist sowohl zeitlich,

qualitativ als auch vom Grad der Intensität keine Grenzen gesetzt.

So unterschiedlich es auch auftreten mag, ist ihm doch eines gemein: Es ist Ihr persönliches Material. Bei schweren psychischen Traumata und den damit verbundenen Gefühlen liegt das häufig auf der Hand; in diesen Fällen ist man sich der Ursache bewusst.

Bei weniger offensichtlichen seelischen Verletzungen, Problemen oder Spannungen ist das oftmals nicht der Fall. Hier lässt sich also nicht ohne weiteres die Ursache für das ins Bewusstsein getretene Material feststellen, ganz gleich, ob es sich um ein pures Gefühl oder um mit belastenden Gefühlen einhergehende Bilder, Gedanken oder Erinnerungen handelt. Auch wenn Sie sich also fragen: »Was hat das alles mit mir zu tun? Wieso fühle ich mich auf einmal so schwer? Wieso löst gerade dieses Bild in mir diese Wut aus?«, liegt doch die Antwort auf diese Fragen stets in Ihnen selbst.

Es handelt sich um einen psychischen Stoff, der für Ihr Bewusstsein zu irgendeinem Zeitpunkt in Ihrem Leben problematisch wurde, weil er etwa schmerzhaft war oder psychische Spannungen zwischen verschiedenen Teilen Ihres Selbst hervorrief. Vielleicht war es auch ein Wunsch oder eine Begierde, die nicht ausgelebt werden konnte, weil sie mit geltenden gesellschaftlichen Konventionen und Normen kollidierte.

Aufgrund seiner problematischen Natur wurde das Material verdrängt, also vom Bewusstsein ins Unbewusste verlagert, wo es jedoch immer noch als Teil Ihres »Schattens« wirksam ist und so Ihre Persönlichkeit nicht unwesentlich bestimmt. Weil es belastend ist, kommt das Material nicht immer direkt ins Bewusstsein, sondern häufig verschlüsselt als symbolhaftes Bild, das auf den schwierigen

Inhalt verweist. Aus diesem Grund ist die eigentliche Ursache des Gefühls, Gedankens oder Bildes oftmals nicht erkennbar; fest steht dennoch, dass sie untrennbar mit Ihnen, Ihrer Geschichte und Ihrer Persönlichkeit verwoben ist.

Was macht man nun, wenn das belastende Gefühl aufgestiegen ist, sei es in purer Form oder in Verbindung mit Gedanken, Bildern oder Erinnerungen? Wie damit umgehen? Der Grundgedanke ist einfach:

Wir nehmen das emotional aufgeladene Material
mit achtsamem, offenem Gewahrsein wahr,
also ohne uns davon fortreißen zu lassen,
ohne es zu bewerten oder uns mit den Gedanken
darin zu verstricken.

Im Grunde gehen wir also damit nicht anders um als mit allen anderen Inhalten, die uns während des Meditierens ins Bewusstsein kommen. Die Zauberwörter lauten auch hier Achtsamkeit und offenes Gewahrsein. Durch sie verwandeln wir die schwierigen Emotionen und Inhalte, die so lange im Unbewussten wirkten, wir können sie loslassen und auf heilsame Weise in unsere Existenz integrieren.

Natürlich ist es weitaus schwieriger, sich in offenem Gewahrsein zu üben, wenn die aufgestiegenen Gefühle intensiv, unangenehm, aufwühlend oder schmerzhaft sind. Die Gefahr, sich in sie hineinziehen zu lassen, sich mit ihnen zu identifizieren und sie verstandesmäßig oder emotional auszuloten, ist dann viel größer als bei den alltäglichen Bewusstseinsinhalten, mit denen wir normalerweise in der Meditation konfrontiert werden. Um diesen Verstrickungen zu entgehen, gibt es einige hilfreiche Methoden, die den Umgang mit den problematischen Gefühlen erleichtern.

Wenn die anfängliche Unruhe, die häufig den Aufstieg des emotional aufgeladenen Materials begleitet, überwunden ist und einem eindeutigen Gefühl oder gedanklichen Bild Platz gemacht hat, dann ignorieren Sie es zunächst und bleiben Sie mit Ihrer Aufmerksamkeit beim Meditationsobjekt des Atems. Machen Sie das, solange Sie können; manchmal löst das Gefühl oder Bild sich auf oder vergeht, ohne dass Sie weiter eingreifen müssen. Wenn Sie aber stattdessen merken, dass das Gefühl zu intensiv wird, um länger ignoriert werden zu können, dann machen Sie es zum neuen Zentrum der Aufmerksamkeit, das heißt, zu Ihrem Meditationsobjekt. Wichtig ist, sich dem intensiven

Gefühl nicht zu widersetzen oder es vermeiden zu wollen: Auch wenn die Gefühle beunruhigend oder schmerzhaft sein sollten, unterdrücken Sie sie nicht, sondern lassen Sie sie stattdessen zu und akzeptieren Sie sie als das, was sie sind: ein Teil Ihrer selbst, der sich nun offenbart. Auch wenn Sie nicht wissen, woher die Gefühle rühren, haben sie als Teil von Ihnen doch jedes Recht, da zu sein. Erkennen Sie die Gefühle also an, lassen Sie sie zu und akzeptieren Sie sie.

Wenn das emotional aufgeladene Material Gestalt angenommen hat und Sie dies akzeptieren, besteht die nächste Herausforderung darin, Achtsamkeit aufrechtzuerhalten und sich also nicht von ihm fortreißen zu lassen.

∽ Tipp ∽

Beim Aufrechterhalten von Achtsamkeit haben sich folgende Techniken bewährt: Wenden Sie sich in einem ersten Schritt der emotionalen Seite des Materials zu. Bei nackten Gefühlen, die ohne begleitendes Material wie Bilder oder Erinnerungen auftauchen, geht das sowieso nicht anders. Bei Bildern oder Erinnerungen, die mit problematischen Gefühlen einhergehen, sollten Sie stets zuerst die Aufmerksamkeit auf die Gefühle richten. Betrachtet man die emotionalen Anteile für sich allein, fällt es leichter, verstörende Bilder, Gedanken oder Erinnerungen mit offenem Gewahrsein anzunehmen, sie zu akzeptieren und sie damit loslassen zu können.

Leichter gesagt als getan, werden Sie jetzt vielleicht denken. Denn es ist tatsächlich gerade bei belastenden Gefühlen und Bildern allzu oft so, dass wir uns von ihnen mitreißen lassen, ehe sie uns auch nur halbwegs bewusst geworden sind.

Um das offene Gewahrsein besser aufrechtzuerhalten und nicht von dem schwierigen Gefühl völlig vereinnahmt zu werden, hilft es auch, auf eine möglichst neutrale Formulierung der Gedanken zu achten. Vermeiden Sie Identifizierungen; sagen Sie sich im Geist beispielsweise also nicht: »XY ist so ein Idiot! Ich bin so wütend …!«, sondern stattdessen besser einfach: »Wut kommt auf.« Hierdurch können Sie eine gewisse Distanz zwischen sich und dem Gefühl aufbauen und laufen nicht so stark Gefahr, dem Gefühl vollständig ausgeliefert zu sein. Dies wiederum erlaubt eine objektivere Sicht auf die Dinge. Wichtig ist dabei, das Gefühl nicht zu unterdrücken oder zu minimieren, denn es existiert und hat ein Recht dazu. Fühlen Sie es also ganz und lassen Sie es sich vollständig entfalten – das ist wichtig, um es verarbeiten zu können –, nur gehen Sie nicht in ihm auf.

Es ist durchaus möglich, einem Gefühl Raum zur Entfaltung zu geben, ohne sich von ihm mitreißen zu lassen. Gerade die in der Meditation geübte Achtsamkeitspraxis hilft dabei, auch intensiven, aufwühlenden Gefühlen, die normalerweise sofort für einem inneren Aufruhr sorgen würden, mit Besonnenheit und Klarheit zu begegnen. Am wichtigsten sind auch hier: das Nichtbewerten des jeweiligen Gefühls, einhergehend mit Akzeptanz und einem Zulassen.

Gefühle gehen immer mit körperlichen Empfindungen einher. Denken Sie etwa an die von den Schultern fallende Last, die im Nacken sitzende Angst oder die das Herz öffnende Liebe, um einige Beispiele zu nennen. Wenn Sie die emotionalen Aspekte des Gefühls betrachten, ist es auch hilfreich, sich über die körperlichen Empfindungen klar zu werden, die damit einhergehen.

⌐Tipp ⌐

Spüren Sie also bewusst in Ihren Körper hinein und fragen Sie sich, während Sie das Gefühl wahrnehmen: »Welche körperlichen Empfindungen habe ich? Wo sind sie lokalisiert? Welcher Art sind sie? Sind sie stark oder schwach, angenehm oder unangenehm? Sind sie konstant, oder verändern sie sich?«

Nachdem Sie sich zunächst mit den emotionalen Aspekten des Gefühls auseinandergesetzt haben, indem Sie sie die Erfahrung möglichst objektiv benannt und die damit einhergehenden körperlichen Empfindungen bewusst wahrgenommen haben, sind Sie nun bereit, sich den geistigen Aspekten des Gefühls zu widmen.

Versuchen Sie hierzu, das Gefühl möglichst genau zu benennen (beispielsweise Wut, Trauer, Angst, Begierde) und seine Eigenschaften (beispielsweise schmerzhaft, lustvoll, intensiv, vage) festzustellen. Finden Sie heraus, welche Gedanken mit dem Gefühl verbunden sind, und beobachten Sie dessen Entwicklung. Verändert es sich in seiner Intensität, wird es stärker oder schwächer, bestimmter oder vager? Bleibt es konstant bestehen, oder wandelt es sich?

Letzteres kommt häufig vor, denn Gefühle sind oft ein Gemisch aus verschiedenen Emotionen, die auseinander hervorgehen und ineinander umschlagen. So kann etwa Lust in Scham umschlagen, Scham in Wut, Wut in Angst etc. Durch das nicht identifizierende offene Gewahrsein ist es uns möglich, die Gefühle sich dynamisch entwickeln zu lassen, ohne von ihnen mitgerissen zu werden. Hilfreich sind auch hier wieder möglichst neutrale Formulierungen wie »Trauer ist da« oder »Angst kommt hoch«.

Wichtig ist es, die Gefühle keiner rationalen Analyse zu unterziehen. Denken Sie also nicht darüber nach, woher das schwierige emotionale Material kommt, was für Ursachen es haben könnte und welche Auswirkungen es auf Sie hat. Das alles spielt in der Meditation keine Rolle. Es würde nur vom Zustand des offenen Gewahrseins wegführen.

Geben Sie dem Gefühl einfach Raum zur Entfaltung und lassen Sie es sich entwickeln, wie es möchte. Zugegeben: Häufig handelt es sich dabei um einen intensiven und anstrengenden Prozess. Er kann darüber hinaus auch schmerzhaft sein, doch wirkliches Leiden kommt nur dann auf, wenn Sie sich mit dem Schmerz des Gefühls identifizieren. Achten Sie also unter allen Umständen darauf, das offene Gewahrsein aufrechtzuerhalten. Wenn Sie dies zu sehr erschöpft, machen Sie ruhig eine Pause. Stehen Sie auf, bewegen Sie sich ein paar Minuten und beruhigen Sie so Ihren Geist. Setzen Sie die Meditation fort, wenn Sie sich dafür bereit fühlen.

Wenn Sie das Gefühl sich auf diese Weise entfalten lassen, wird es nach einiger Zeit von selbst verschwinden oder sich zumindest abschwächen. Wenn dies der Fall und es Ihnen möglich ist, dann richten Sie Ihre Aufmerksamkeit wieder auf den Atem und hören Sie auf, die Beobachtung der Gefühle in den Vordergrund zu stellen. Gelegentlich klingen nach dem Abebben der Gefühle noch damit verbundene Gedanken oder Bilder nach. Gehen Sie mit Ihnen um wie mit allen Gedanken in der Meditation: Nehmen Sie sie im offenen Gewahrsein wahr und bleiben Sie mit Ihrer Aufmerksamkeit beim Atem. Nach einer Weile werden auch sie vergehen.

Es ist aber auch möglich, dass die Gefühle, nachdem sie verschwunden oder schwächer geworden sind, von neuem auftauchen oder wieder intensiver werden. In diesem Fall wiederholen Sie den beschriebenen Vorgang.

Dass belastende Gefühle nicht nur
einmal während der Meditation auftauchen,
ist ganz normal.

Es ist ein sich wiederholender Prozess, der uns die Möglichkeit gibt, uns intensiv mit noch nicht aufgearbeiteten Anteilen unserer Psyche auseinanderzusetzen. Sie kommen immer wieder in unserem Bewusstsein auf, werden jedoch in der Regel mit der Zeit schwächer, bis es uns gelingt, sie vollständig zu akzeptieren, ohne von ihnen aufgewühlt zu werden. Dann können wir sie endlich loslassen. Das tief in uns schlummernde Material ist damit schließlich in das Ganze unseres Seins integriert und hört auf, unsere Persönlichkeit unbewusst und ungünstig zu beeinflussen. Ein Reinigungs- und Wachstumsprozess hat sich vollzogen, der uns tief gewandelt aus der Meditation hervorgehen lässt.

ZUM SCHLUSS

Nun sind wir also am Ende des Buches angelangt. Ich hoffe, dass Ihnen die vorgestellten Ratschläge, Tipps und Methoden helfen konnten, Ihre Meditationspraxis zu vertiefen, und das eine oder andere Hindernis, mit dem Sie sich vorher abgemüht haben, zu überwinden.

Da es in diesem Buch um einen guten Umgang mit Schwierigkeiten geht, möchte ich am Ende nochmals kurz etwas allgemeiner auf das Wesen von Hindernissen eingehen. Hindernisse, ob nun bei der Meditation oder in anderen Bereichen unseres Lebens, sind nicht die großen Spaßverderber und Motivationsbremsen, für die wir sie auf den ersten Blick halten. Ganz im Gegenteil: Ohne sie wäre das Leben ziemlich fad. Denn nur an Hindernissen können wir wachsen, uns entwickeln und werden damit zu reiferen Menschen.

Das geht schon im Augenblick unserer Geburt los und zieht sich von da an wie ein roter Faden durch das ganze Leben: Stellen Sie sich etwa vor, Sie wären im Kleinkindalter nicht mit den Anforderungen der Schwerkraft und den Schwierigkeiten beim Erlernen des aufrechten Gangs konfrontiert gewesen – Sie würden die Welt noch immer krabbelnd erfahren. Oder stellen Sie sich vor, Sie hätten etwas später nicht die Herausforderung gemeistert, sprechen und lesen zu lernen – die Zeilen vor Ihren Augen würden Ihnen wie Hieroglyphen erscheinen.

Es ist also gut, dass es Hindernisse gibt. Verstehen wir sie aus diesem Grund nicht als etwas, das uns am Meditieren – oder eben allgemeiner: am Leben – hindert: Sie sind ein integraler Teil des Lebens, und offenbar geht es nicht ohne sie. Lassen wir uns deshalb von Hindernissen nicht entmutigen, sondern sehen wir sie als das, was sie sind: wertvolle Gelegenheiten zu reifen und zu wachsen, die wir aus vollem Herzen ergreifen sollten.

Stichwortverzeichnis

Über den Autor

Dr. Pascal Akira Frank, geboren 1981 in Erbach im Odenwald, beschäftigt sich seit vielen Jahren mit östlicher Spiritualität. Schon früh lernte er Japan, das Heimatland seiner Mutter, kennen und verbrachte einen Teil seiner Kindheit und Jugend in Chigasaki. Auch später reiste er immer wieder nach Japan, um in die faszinierende Kultur einzutauchen und sich in die Weisheitslehren des Zen-Buddhismus und Daoismus zu vertiefen.

Bildnachweis

istock: Vor- und Nachsatz: (Little_cuckoo), 87 (wal-king-onstreet)

shutterstock: 9, 21, 23, 37, 51, 64, 67, 75, 77, 83, 88, 95, 107, 109, 113, 115, 125, 141 (Kat Buslaeva), 12, 13 (Makkuro GL), 16, 17 (maritime_m), 19, 40/41 (Lera Efremova), 24/25 (Khaladok), 26/27 (MartaBeckett), 28, 120/121 (flovie), 30 (ninanaina), 33 (flowerstock), 39 (PureSolution), 45 (GULSEN GUNEL), 49 (openeyed), 53 (Cat_arch_angel), 56 (GoodStudio), 56 (Igogosha), 58/59 (Alice Vacca), 61 (Rolau Elena), 69 (OlyaSenko), 72/73 (chuckchee), 78/79, 101, 129 (Katerina Izotova Art Lab), 80/81 (Bonitas), 84 (Mrs. Opossum), 91, 104/105 (Valeria Terekhina), 92/93 (Elena Shchukina), 97 (Watercolor_swallow), 98/99 (Oodles Doodles), 117 (kisika), 118, 119 (bluelela), 130/131 (Zabrotskaya Larysa), 134/135 (kotoffei), 138 (Godsend)

Quellennachweis

Zitat Huang Po S. 18: Jean Gebser (Hg.), Die Zen-Lehre des chinesischen Meisters Huang-Po, übers. von Ursula von Mangoldt, O. W. Barth, Weilheim/Obb. 1960, S. 28